JN069613

監修　伊藤修毅 Ito Naoki

編著　NPO法人
大阪障害者センター総合実践研究所
青年期支援プロジェクトチーム

障害のある青年たちとつくる「学びの場」

ステキな人生を歩んでいくために

かもがわ出版

まえがき

10年前のことです。

「例えば専攻科とか、もっと勉強できる場所があったらいいのに」。

支援学校高等部の卒業式直前の懇談会で、複数の保護者が話したことを思い出します。

「なぜ、障害のある人だけ高校卒業後の進路は働くことが中心なのだろう」

「なぜ、教育年限は延長されないのだろう」

高等学校卒業後に、多くの人が進学しているなか、そんな疑問を持つ人は、ますます増えているのではないでしょうか。


現役最後の7年間、進路指導を担当しました。「仕事は卒業してから、いくらでもできる（65歳定年になったとして47年間）。その点、学校での勉強は『今』しかできないかけがえのないもの」と思いつつも、進路部として、場合によっては高等部1年生の時から授業日に実習を入れていました。

もし、高等部3年間の後に専攻科に進学することが選択肢としてあたりまえにあり、その後も多様な進路が保障されていれば、高等部時代は学校の授業中心の生活を送りながら、将来についても「仕事のこと」「くらしのこと」「余暇のこと」など、本人も保護者も教師も、安心してゆったりと考えることができるのではないでしょうか。

本書では、生活介護事業所での「学びの場」も含めて、福祉型専攻科でのさまざまな実践や、その後の青年たちの様子を紹介しています。多くの人に読んでいただき、障害のある青年たちが「もっと勉強できる場所」「さまざまな取り組みに参加できる場所」「自分らしさを安心して出せる場所」に出会うことで、豊かにたくましく成長していることが共通の認識になれば、と思います。そして、専攻科設置とその後の多様な進路保障の力になれば、ほんとうにうれしく思います。

（中元正文）

もくじ

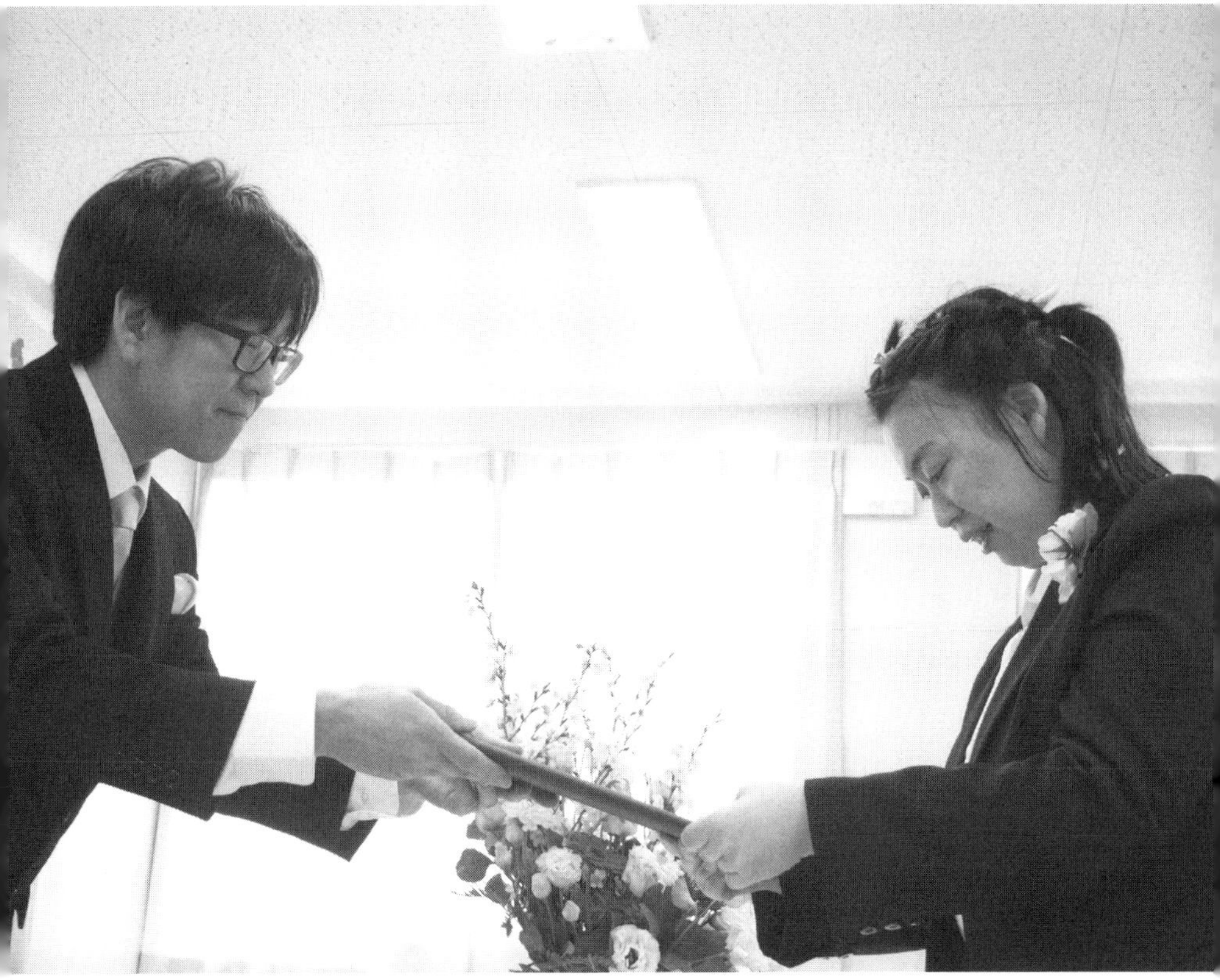

第Ⅰ章 青年期の学びを支えるということ

伊藤修毅

はじめに

この章では、なぜ青年期の知的障害者に「学び」が大切なのかを考えていきたいと思います。日本国憲法では、その第26条に「すべて国民は、法律の定めるところにより、その能力に応じて、ひとしく教育を受ける権利を有する」とあります。私たちには、ひとしく「教育を受ける権利」があるということは疑う余地のないくらいあたりまえのことのように感じている方も多いかと思いますが、障害のある方々にとって、それは決して「あたりまえ」のこととはされてきませんでした。まずは、この点を確認しておきたいと思います。

1 教育を受ける権利の獲得

1947年5月に日本国憲法が施行されましたが、この年の4月から、戦後の学校教育制度もスタートしています。この時に、障害のある子どもたちの教育の場としては、現在の特別支援学校にあたる特殊教育諸学校（視覚障害児を対象とした盲学校、聴覚障害児を対象とした聾学校、知的障害児・肢体不自由児・病弱児を対象とした養護学校の総称）や現在の特別支援学級にあたる特殊学級が位置づけられています。同時に義務教育の仕組み、すなわち保護者が子どもを就学させる義務と地方自治体がそれに対応できるだけの学校を整備する義務も定められました。しかし、特殊教育諸学校における義務制の実施は先送りされることとなりました。

盲学校と聾学校については、1年遅れで1948年から学年進行で（つまり、その年の1年生から順に）義務教育が実施されましたが、養護学校の義務制が実施されたのは1979年のことです。つまり、32年も先延ばしされていたのです。その間、とりわけ障害の重い子どもたちは、明治時代から続く「就学猶予・免除」の仕組みが適用され、学校に行きたくても入れてもらえないということが続きました。

こういった「不就学」の子どもたちに発達の後退が見られたり、早くに亡くなったりしていることが示されました。一方で、「この子らを世の光に」のフレーズで有名な糸賀一雄らによって創設された近江学園など知的障害児等を受け入れていた社会福祉施設での取り組みや、どんなに重い障害のある子も入れる学校として養護学校義務制実施の10年前に開校した京都府立与謝の海養護学校など早い時期に設置された養護学校での取り組みなどを通して、「教育は不可能」と言われていた子どもたちが、教育によって発達する事実が示されるようになってきました。こういった実践的事実を元に、養護学校の義務制を求める運動は高まり、1979年の養護学校義務制実施に至りました。この動きのことを「第1の教育権保障運動」と呼びます。

養護学校の義務制の実施は、義務教育修了後はどうするのかという新たな課題を生じさせました。当時の社会状況は、中学校を卒業したら高校に行くということも「ほとんどあたりまえ」と言える状況になっていました。こういった中で、養護学校の中学部を卒業した後、高等部へ進学できるようにしてほしいという声が高まり、養護学校義務制を求めていた運動は、「15の春を泣かせない」をスローガンにした「障害児の後期中等教育希望者全員入学運動」へと発展していくことになります。当初は、高等部三原則（自力通学可能、身辺自立、教育課程履修可能）と呼ばれる厳しい基準に基づく選別にさらされながら、というかたちではありましたが、徐々に障害の重い子どもたちにも高等部教育の保障が進み、ようやく2000年に高等部における訪問教育が制度化され、後期中等教育の希望者全員入学が実現しました。この動きのことを「第2の教育権保障運動」と呼びます。

本来、教育を受ける権利はすべての国民に平等に保障されているものですので、そのための教育の制度を整備するのは国家の責務です。しかし、残念ながらこういった歴史が示していることは、この国は、「運動」を通して実践的事実を示しながら要求を繰り返していかないと、教育を受ける権利さえ保障してくれないということです。ここでは、障害のある子どもたちの教育を受ける権利について述べてきましたが、障害のある方々の権利保障の歴史というのは、基本的にこの構造におかれていると言っても過言ではありません。

2 第3の教育権保障運動

第1・第2の教育権保障運動は、どうにか結実し、現在では、病気や障害を理由として就学猶予・免除制度を用いている子どもはごくわずかになっています。また、希望するすべての子どもたちが義務教育修了後も3年間の後期中等教育を受けることができる制度は整っています。しかし、それだけで果たして「ひとしく教育を受ける権利」が保障されていることになるのでしょうか。

表１は、２０１７年３月に特別支援学校高等部と高等学校を卒業した生徒の進路状況を整理したものです。知的障害特別支援学校の卒業生と高等学校の卒業生の進学率を比較すると、なんと１５２倍の格差が存在しています。専門学校や職業能力開発校などが含まれる「教育訓練機関等入学者」も進学率に加算して考えても41倍の格差です。

障害者権利条約第24条第5項には「締約国は、障害者が、差別なしに、かつ、他の者との平等を基礎として、一般的な高等教育、[注1]職業訓練、成人教育及び生涯学習を享受することができることを確保する」とあります。このデータは、この国の実態が、「差別なし」「他の者との平等」とは大きくかけ離れていることを明確に示しています。

昨今、就職率の向上に固執し、職業教育に偏重した教育課程を置いている特別支援学校高等部（特に、高等特別支援学校・高等学園などと呼ばれる高等部単置型知的障害特別支援学校）は全国的にも増えています。特別支援学校の平均値よりも高い、高等学校と比較すると倍近くの就職率である知的障害特別支援学校の就職率を向上させることが本当に必要なのでしょうか。障害者権利条約を批准した国に求められる政策は、１５２倍の格差の是正ではないのでしょうか。

表１　2017年3月卒業者の進路状況（学校基本調査を元に筆者作成）

		卒業者数	進学者	教育訓練機関等入学者	就職者	社会福祉施設等入所・通所者	その他
特別支援学校高等部（本科）	5障害合計	21,292	1.86%	1.79%	30.11%	62.24%	4.00%
	うち知的障害	18,321	0.36%	1.51%	32.91%	61.47%	3.76%
高等学校（全日制・定時制）		1,069,568	54.71%	22.11%	18.46%		4.72%

特別支援学校の卒業生の進路は、実質的に「就職者」（いわゆる「一般就労」）と「社会福祉施設等入所・通所者」（いわゆる「福祉的就労」）の二者択一となっています。この二択の中で、税金を使う側である福祉的就労者を減らし、税金を払う側となる一般就労者を増やしたいという行政的思惑が特別支援学校の就職率向上政策につながっているということは間違いありません。逆に言えば「進学」という選択肢が現実的・実質的なものになることで、就職率向上の呪縛からも解放されることができるのではないでしょうか。そして、そのことによって、職業教育偏重型の教育課程が見直されることになるのではないでしょうか。

以上をふまえると、「第3の教育権保障運動」として、特別支援学校高等部を卒業した障害のある青年たちに「高等教育（第三期の教育）」への進学の道が保障されることを追求していくことは喫緊の課題と言えます。

3 福祉型専攻科の誕生

さきほどの表1を見る際、0・36パーセントとはいえ、知的障害特別支援学校の卒業生が進学しているという点に驚かれる方もいるのではないでしょうか。この0・36パーセントの実数は66名なのですが、そのうちの64名の進学者の進学先は「専攻科」です。専攻科というのは、学校教育法の第58条「高等学校には、専攻科及び別科を置くことができる。高等学校の専攻科は、高等学校若しくはこれに準ずる学校若しくは中等教育学校を卒業した者又は文部科学大臣の定めるところにより、これと同等以上の学力があると認められた者に対して、精深な程度において、特別の事項を教授し、その研究を指導することを目的とし、その修業年限は、一年以上とする」という条文に基づいておかれているもので、例えば高等学校の看護科などでは専攻科を置き5年間一貫教育を行っていることが多いです。この専攻科の規定は高等学校だけではなく、特別支援学校の高等部にも準用され、実際、視覚障害・聴覚障害の特別支援学校高等部では専攻科が設置されていることも珍しくありません。

しかし、知的障害を対象とする特別支援学校高等部で専攻科を設置している学校は全国で9校しかありません。うち1校は鳥取大学附属特別支援学校ですので国立ですが、他の8校はすべて私立です。特別支援学校の設置義務を負っているのは都道府県ですが、知的障害児を対象とする都道府県立特別支援学校のうち高等部に専攻科を置いている学校は皆無です。「第3の教育権保障運動」では、当然ここがターゲットとなり、全国障害者問題研究会が行っていた「障害者の青年期教育全国研究集会」や、全国専攻科（特別ニーズ教育）研究会などが、専攻科設置を求める研究運動を進めてきました。

こういった研究運動に学んだ各地の保護者たちが結集し、都道府県に陳情するなどの活動も散見されるようになりました。いち早く声を上げたのが和歌山県の保護者たちです。しかし、県の対応はそっけなく、「お金がない」の一言で却下されるのみでした。そんななかで、障害者自立支援法（現在の総合支援法）に示されている自立訓練（生活訓練）事業を用いれば、学校のような教育環境は用意できないものの、作業所のような業務運営で専攻科に相当するような学びの場ができるのではないかというアイディアに到達しました。このアイディアを最初に実行したのが、和歌山県田辺市にある社会福祉法人ふたば福祉会が設置した、たなかの杜・フォレスクールです。こういった障害者福祉の事業を活用した教育の場は、正規の仕組みではありませんので呼び名はさまざまですが、「学びの作業所」「福祉事業型専攻科」などの名称で少しずつ全国に広がりを見せています。（ここでは「福祉型専攻科」とします）

発祥が和歌山でしたので、大阪には比較的早い段階で伝播し、福祉型専攻科が設置されました。その第一号が〈ぽぽろスクエア〉です。運営形態も自立訓練（生活訓練）事業でなくてはならないというものではありませんので、生活介護事業を利用した福祉型専攻科も設置されました。〈シュレオーテ〉がその発祥となります。全国的には、2年間の自立訓練（生活訓練）事業に就労移行支援の2年間を上乗せし、4年制の「カレッジ」が作られるなど、さまざまなかたちで障害者福祉事業を活用した高等部卒業後の学びの場が誕生しています。

4 福祉型専攻科の意義と危険性

「第3の教育権保障運動」の立場で考えると、福祉型専攻科の登場・拡大は、非常に画期的なものです。制度の問題はどうあれ、高等部を卒業した後、引き続き学習ができる場が増えるということは、実質的に「進学」という選択肢をまったく想定し得ない状況から見れば、大きな進歩です。第1・第2の教育権保障運動においても、先駆的な取り組みが義務教育や後期中等教育の必要性や価値を証明してきたからこそ結実したという歴史をふまえると、福祉型専攻科の実践的事実が蓄積されることは、「青年期に学びを保障すること」の必要性や価値を示す重要な資料となることは間違いありません。

一方で、福祉型専攻科の拡大は危険性もはらんでいます。それは、本来、教育行政の責任で整備されなくてはならない障害者の高等部3年間修了後の教育が、「福祉がやってくれるならお任せしよう！」と福祉行政に丸投げされてしまう危険性です。文部科学省では障害者の生涯学習施策の中に福祉事業の中で行われている高等部卒業後の学びの場を位置づけていますが、それは、本来教育行政下で行うべきことを福祉行政に肩代わりしてもらっている状態なのに、本来の形に近づけようという意図は微塵も感じられません。

このように議論をしていくと、福祉型専攻科は、学校専攻科の代替に過ぎず、将来、学校専攻科が設置されるようになったら役目がなくなるととらえられてしまうかもしれません。京都教育大学の丸山啓史さんは「自立訓練事業の制度面・運営面に関わる課題を考えても、高等部専攻科の拡充を追求することは重要であるが、高等部専攻科が整備されれば自立訓練事業の役割がそこに解消されるというものではないのではないか」(注2)とし、自立訓練事業で行われる学びの場（つまり、福祉型専攻科）は、単に教育行政の怠慢の肩代わりだけではない、固有の価値や意味があることを示唆しています。

5 福祉型専攻科固有の価値や意味

では、福祉型専攻科固有の価値や意味とはどのようなものなのでしょうか? この問いを、実践的事実をもって示していくのが本書の役割です。ここでは、各章で示す重要な価値や意味を概観しておきたいと思います。

(1) 人間として尊重される経験

第Ⅱ章1~3は、三つの「福祉型専攻科」の実践報告です。それぞれの実践から読み取れる重要なポイントは各報告の後にまとめましたが、ここで三つの実践に共通することを一つだけ紹介しておきます。それは、ものすごい時間をかけた「話し合い」が重要視されているということです。

ぽぽろスクエアの乙須さんは「いやというほど『話し合い』の時間があります」と語り、リーブキャンパスひびきの中井さんは「このうんざりするぐらい話し合いに時間を掛けられる『ヒマ』こそ、学びの場の『忙しさ』…」と述べています。シュレオーテの清時さんは、「スタッフは、青年たちの主体性を尊重し、『あーでもない、こーでもない』と言いながら試行錯誤を青年と一緒に楽しめるかを問われます」と述べていますが、どんなに時間がかかっても、「自分の意見を言うこと」「みんなの意見を聞くこと」が徹底的に尊重されている様子が伝わってきます。

こういった経験が、自分も仲間も、同じように一人のかけがえのない人間として尊重されていることの確信を青年たちに与えているということが読み取れるかと思います。

⑵調査結果が示す事実

これから、高等部卒業後の進路を考える方にとっては、「福祉型専攻科に行って、その後、どうなるの?」ということは大きな関心事でしょう。ぽぽろスクエアやシュレオーテなどの比較的早い時期に開所した福祉型専攻科では、「卒業生」もだいぶ増えてきましたので、簡易的な実態調査を実施し、その結果を第Ⅱ章4にまとめました。

まだ、統計的に何か言えるほどの人数には達していませんが、それでも、青年期の学びの場として大切にしたいこと（＝この調査の6つの質問）が、おおむね達成できていることが示されています。特に「自分で選んだり、決めたりできているか?」が高得点となったという事実は、自己選択・自己決定の権利の保障が「学びの場」において実質化されていることの証左とも言えます。

⑶福祉型専攻科設立のための協働

私たちの当面のねがいは、青年期の発達を保障するための福祉型専攻科が全国各地に設立されることとです。その意味で、この本の刊行期に立ち上げとなった「カラフルキャンパス」設立までの経過を第Ⅱ章5にまとめてもらいました。主には、障害者福祉事業に取り組んでいる既存の社会福祉法人やＮＰＯ法人が事業を追加する形で福祉型専攻科を立ち上げる場合と、福祉型専攻科を立ち上げるための法人づくりからスタートする場合がありますが、この報告は前者になります。いずれにしても、出発点は本人の「ねがい」です。「もっと学びたい」という声を、どのように具現化していくのかというプロセスの貴重な一例ととらえることができます。

⑷マズローの5段階説をよりどころに

第Ⅲ章1には、和歌山での運動の「仕掛け人」でもあり、自身も福祉型専攻科「シャイン」を立ち上げた経験のある小畑さん（大和大学）に、知的障害のある青年のアイデンティティの発達についての論考を寄稿していただきました。小畑さんは、マズローの理論への批判もおさえつつも、マズローの「欲求5段階説」が青年たちの発達を見る上での「よりどころ」となると主張されています。私たちは、この間、福祉型専攻科で学ぶ青年たちの発達の事実を検討してきましたが、マズローの「欲求5段階説」をものさしにすると「かなり、的を射た理論なのでは」という感覚が高まってきました。もちろん、一つのものさしだけを「よりどころ」にする必要はなく、さまざまな角度から青年たちの発達の事実を見ていくことが大切ですが、そんな中でも、マズローが「案外役立つ」ということを紹介しておきたいと思います。

⑸豊かなセクシュアリティを育む場として

青年期という時期は、思春期（二次性徴）を終え、自らのセクシュアリティ（性と生）の主人公として、活発に生きる時期でもあります。残念ながら、日本は「性教育後進国」ですので、自らのセクシュアリティを生きるための教育がほとんど保障されていません。仮に保障されていたとしても、障害のある青年たちは、性について悩んだり、迷ったり、困ったりすることもありますので、ここにさらなる教育や支援が必須です。つまり、青年期の学びの場において性教育は欠かすことのできない要素と言えます。第Ⅲ章2を書かれた千住さんは、長年、障害のある青年たちのこころとからだの学習に取り組まれてきた最前線の実践家です。ぽぽろスクエアでも性教育を担当していますが、「幸せに生きるために学ぶ」という言葉は、性教育の本質を端的に示しています。

(6)「親亡き後」という問題提起からの脱却

かつて、障害児の親たちは、「この子よりも1日だけ長く生きたい」と言っていました。その時代から見れば昨今の「親亡き後を考える」という課題は大きな前進と言えます。しかし、本当に、「親亡き後」という問題提起でよいのでしょうか？　それは、そもそも、親は自分が死ぬまでは子どもの世話をしなくてはいけないのかということへの疑問です。「親ばなれ・子離れ」という言葉も昔から言われますが、やはり、思春期・青年期を超えるということは、親ばなれ・子離れをするということと切り離すことはできません。**第Ⅲ章3**では、福祉型専攻科での「保護者との関係」を通して考察された、「子育てからの卒業」の在り方が示されています。

おわりに

私の手元に、『障害児の青年期教育入門』(注3)というちょうど20年前に出版された本があります。この本の「はじめに」において渡部昭男さんは「青年期は、人類の権利獲得運動の中で歴史的に拡充されてきたライフステージ」と言っています。その上で、「青年期は健常者に占有されるものであって、障害児者には『ない（必要ない）』かのような扱いが根強く見られます。障害が重い場合には『永遠なる子ども』とされ、軽い場合には『早く手に職を』と一気に大人になることが強いられてきました」としています。

私たちは、この20年間で、この状況を変えることができたのでしょうか。答えは「否」ですが、私自身は、福祉型専攻科の取り組みが少しずつ全国に拡がっている事実は、大きな一歩であると考えています。本書にまとめられたものが、誰にでも豊かな青年期の学びが保障される社会をつくるための一助になることを願ってやみません。

注

(1) ここでは政府公式訳の通り「高等教育」と表記しましたが、英語の原文は"tertiary education"(第三期の教育)です。いわゆる「大学」などの高等教育機関だけではなく、中等教育を終えた人を対象とするさまざまな教育機関が含まれているという解釈が必要です。

(2) 丸山啓史(2015)「知的障害のある青年の中等教育後の教育・学習—自立訓練事業に着目して」日本特別ニーズ教育学会『SNEジャーナル』21(1)、59-73。

(3) 船橋秀彦・森下芳郎・渡辺昭男(2000)『障害児の青年期教育入門』(全国障害者問題研究会出版部)

第Ⅱ章 福祉型専攻科で育つ青年たち

1

仲間とともに学び合い、仲間のなかで成長する青年たち

――ぽぽろスクエア7年間の実践から

乙須直子

「もっと学んでから社会に出たい」「もっと青春したい」「きょうだいと同じようにもっと学ばせたい」「もう少し力をつけてから社会に送り出したい」という願いのもと、２０１０年に大阪府堺地域の教職員、福祉職員、親たちと、ＮＰＯ法人大阪障害者センターの職員を中心に「堺（松原）に学ぶ作業所をつくる会」が立ち上げられました。そして、２０１２年３月、大阪府内で初めての自立訓練（生活訓練）事業を活用した福祉型専攻科「障がい青年の学びの場・ぽぽろスクエア」が松原市に開所し、今年で８年目を迎えます。ぽぽろスクエア７年間の実践を振り返りながら、なぜ青年期の学びの場が必要であるのか、「学校から社

<table>
<tr><th colspan="3">金</th><th>土（月1回）</th></tr>
<tr><td colspan="3">朝の
ミーティング</td><td>朝の
ミーティング</td></tr>
<tr><td>グッド
ライフ</td><td colspan="2">2週交代
クラスゼミ</td><td>余暇活動
（ヤングクラス）
・調理</td></tr>
<tr><td colspan="3">昼食・昼休み</td><td>昼食・昼休み</td></tr>
<tr><td>月2回
ダンス</td><td>月1回
社交
ダンス</td><td>月1回
特別講座
イベント・
話し合い
など</td><td>余暇活動
（ヤングクラス）
・スポーツ
・音楽
・自主活動</td></tr>
<tr><td colspan="3">そうじ・ふりかえり会</td><td>そうじ・終わりのミーティング</td></tr>
<tr><td colspan="3">サークル活動</td><td></td></tr>
</table>

会へ」「子どもから大人へ」という青年期の移行期支援について考えます。

1 ぽぽろスクエアの概要

ぽぽろスクエア（ぽぽスク）では、利用者を「学生」（以下、「学生」と表記）と呼び、職員は「先生」ではなく「スタッフ」「〇〇さん」と呼んでいます。定員は20名で、2学年制をとっており、1学年1クラス10名程度で、「学び」を中心にしたカリキュラムを組んでいます。基本的に午前1コマ、午後1コマの時間枠で、一人ひとりのペースや自主性を尊重し、学生同士の話し合いや参加を重視した授業を行っています。これまで1～6期生、計63名を社会へと送り出し、現在は7・8期生、計16名が「自分くずし・自分づくり」の生活を進めています。

ぽぽろスクエア2019年度時間割（1・2年生）

<table>
<tr><th></th><th>月</th><th colspan="3">火</th><th colspan="4">水</th><th colspan="2">木</th></tr>
<tr><td>9：30～
10：00</td><td>朝のミーティング</td><td colspan="3">朝のミーティング</td><td colspan="4">朝のミーティング</td><td colspan="2">朝のミーティング</td></tr>
<tr><td>10：00～
11：45</td><td>クラスゼミ</td><td>パソコン</td><td>農業</td><td>音楽</td><td>社会見学計画</td><td>調理実習計画</td><td>調理実習</td><td rowspan="3">社会見学</td><td>テーマ研究</td><td>こころとからだの学習</td></tr>
<tr><td>11：45～
13：15</td><td>昼食・昼休み</td><td colspan="3">昼食・昼休み</td><td colspan="3">昼食・昼休み</td><td colspan="2">昼食・昼休み</td></tr>
<tr><td>13：15～
15：00</td><td>科　学
表　現</td><td colspan="2">ものづくり
（コース制）
①紙すき
②木工
③絞り染め
④手芸</td><td>自治会</td><td>社会見学計画</td><td>調理実習計画</td><td>調理実習</td><td>月2回
スポーツ・ゲーム</td><td>月2回
演劇</td></tr>
<tr><td>15：00～
15：30</td><td>そうじ・終わりのミーティング</td><td colspan="3">そうじ・終わりのミーティング</td><td colspan="4">そうじ・終わりのミーティング</td><td colspan="2">そうじ・終わりのミーティング</td></tr>
<tr><td>15：30～
17：00</td><td></td><td colspan="3"></td><td colspan="4"></td><td colspan="2"></td></tr>
</table>

学生の状況としては、これまで受け入れてきた79名のうち、51・8%が療育手帳（※）B1、22・7%がB2、18・9%がA判定を受けています。

また、自立訓練事業が障害支援区分の判定を受けなくても利用可能なこともあり27・8%が未判定ですが、区分3の判定を受けている学生が全体の36・7%と最多となっています。

※療育手帳は、知的障害者に公布される障害者手帳。都道府県など自治体により名称や等級の区分が異なる場合があり、大阪府では「A（重度）」「B1（中度）」「B2（軽度）」と表記されています。

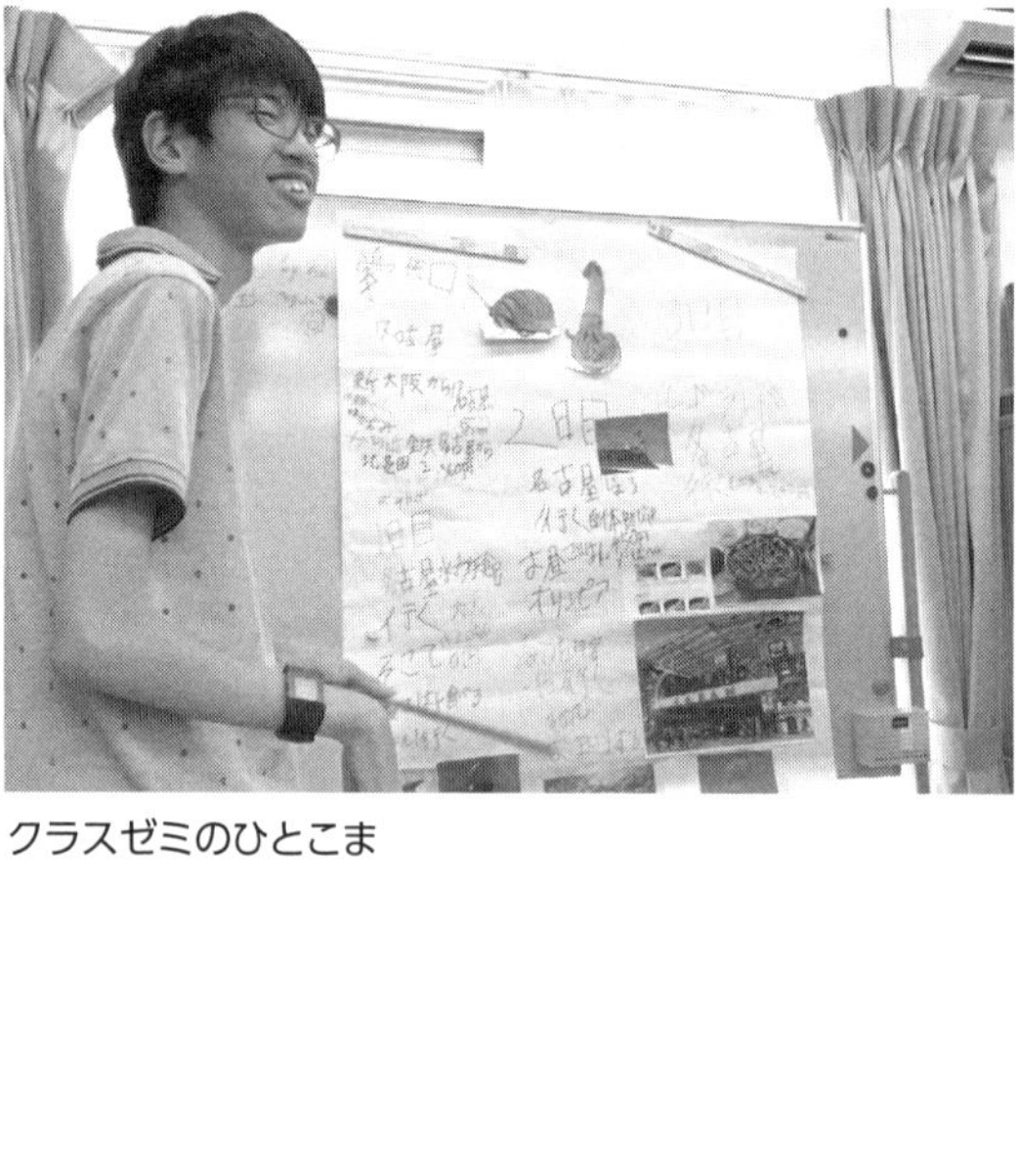

クラスゼミのひとこま

ぽぽろスクエアの主な授業

①クラスゼミ：各クラスの中で社会見学や調理実習、卒業旅行などの計画や段取り、役割分担などを話し合ったり、学生たち自身が今やりたいこと、クラスの中のトラブルや学生の悩みや不安、言いたいことを話し合うなど、自由に使える時間になっています。

②表現：一人で、みんなで楽しんだことやワクワクドキドキしたことなどを言葉や文字で自由に表現し発表します。五・七・五であらわす俳句などが人気の授業です。「音楽」「演劇」「ダンス」

「ものづくり」なども見ばえや決まりにとらわれないで、自由にのびのびと表現することを大切にしています。

③テーマ研究：自分の好きなことや興味、関心のあること、知りたいことなどをテーマにし、半年から1年かけて自分で調べて、まとめて、保護者や出身校の先生などお客さんの前で報告、発表します。

2 ぽぽろスクエアで大切にしていること

ぽぽろスクエアでは、「安心できる居場所」「楽しいを第1に」「仲間とともに」の三つのことを大切に、「自分のこと（気持ち、思っていること、考えていること）を表現する」「自分で考え、自分で決める」「自分を知る」を学びの柱に据え、実践を行っています。

(1)安心・安全の居場所であること

何を言っても、どんな姿であっても否定しない、受け止める環境を大切にしています。入学してくる青年たちのなかには、思春期、反抗期の様相を見せる学生も多く、刺激的な言葉や悪態をつく青年、自分が苦手だと感じたり、友だちとぶつかると飛び出したり、相手につかみかかろうとしたり……そんな姿を見せる青年もいます。しかし、その姿に隠れている本当の思いに気持ちを寄せ、「どうしたん？」「そんなときもあるよなあ……」など、否定せずにとことん青年たちの話を聞くことを通して、「ありのままのあなたを受け止めているよ」ということを発信しています。「いままでこんなに自分の話を聞いてもらったことなかった」という何人もの学生の声を聞くにつけ、数多くの青年たちが、話を聞いてほしい、ありのままの自分を受け止めてほしいと願っているように感じます。

⑵自分のこと(気持ち、思っていること、考えていること)を表現する

ぽぽろスクエアでは、「話し合いは苦手」という学生が多いなか、いやというほど「話し合い」の時間があります。朝のミーティング、クラスゼミ、学生自治会……自分の気持ちを言い合うこと、友だちのことを聞き合うこと、その日常の対話を通して「自分ってこんなふうに思われていたんやな」「あの人、こんなこと考えてたんや」「こんなこと思ってたんは自分だけじゃないんや」など、相手のことを知り、そして今まで知らなかった新しい自分を発見していると思います。また、表現方法は言葉でなくてもいい、友だちに代弁してもらったり文字にしたり……、そして、音楽、美術、身体表現……と、どんな方法でもいいと学生たちに伝えています。

⑶自分で考え、自分で決める

自分で決めるということには、失敗はつきものです。でも「失敗は成長のもと」、自分で考えて行動したことだからこそ、価値があると思います。そして、決め切らなくてもいい、決めるまで考えたり、悩んだりの「プロセス」が大切で意味のあることだと思います。社会見学の

昼食メニューを自分で決めることができず、「帰ってからお母ちゃんに聞く」と答えた青年がいました。また、朝起きるとその日に着る服がコーディネートされ一式置かれており、自分で自分の着る服を選んだ経験のない学生もいました。障害のある子を持つ親は、障害があるがゆえに苦労するであろうわが子を思い、また、少しでも辛い思いや困ったことがないようにと、「本人のために！」と先回りし、わが子のことを決めてきた経験を少なからずされていると思います。それは、まちがいなく愛情から来るものでしょう。しかし、子の自立、親の自立を考えたとき、日常の些細なことから自分で決める経験をすることが、主体性を育て、文字通り「人生の主人公」として生きていく上で、とても大切なことだと考えます。

⑷自分を知る

「自分を知る」ということについて柱となっている授業が「こころとからだの学習（性教育）」と「グッドライフ（進路学習）」です。

ぽぽろスクエアに入学してくる学生は、言語コミュニケーションはある程度とれても認知面は幼く、発達のアンバランスさが感じられる方が多いです。保護者の方は、本人の持っている力を正確に捉えられていない場合があり、本人ともども障害受容がしっかりとできていないと思われます。また、「できないこと」「人に助けてもらうこと」は恥ずかしいことだと感じている学生もいました。「グッドライフ」では、「誰かに助けてもらってできること」も「自分でできること」「自立・自律」だと伝え、自分の望む生活を送るために「自分のできないことを伝える」

「相談する」ことは生きていく上でとても大切な力だよと伝えています。

そして、「こころとからだの学習」では、青年たちの最大の関心事の一つである「性」について、2年間通して丁寧に学んでいきます。「男性・女性のからだ」「恋愛（おつきあいの仕方）」「出産」「結婚」「育児」など、学ぶことは広範囲になりますが、青年たちの知りたいことに応える、彼らの人生を励ますものとなっています。「こころとからだの学習」を通して、自分のこころとからだを受け入れていくことを、これから自分らしく生きていくために必要不可欠な学びとして大切にしています。

⑸要求の主体者、権利の主体者に
——自分が、自分たちが主人公

ぽぽろスクエアには学生自治会があり、2013年度から取り組みを始めています。自治会では「一人の願いをみんなの願いに」を活動の根底に据え、①ぽぽろスクをよくする活動、②みんなで楽しむ活動、③地域とつながる、の三つの柱を大切に、自治会役員を中心とし月2回、自治会の時間が保障されています。

活動としては、自治会行事として「バーベキュー」

自治会の話し合い

や「忘年会」などを企画したり、後援会と共催で実施している「ぽぽスクまつり」に実行委員として参加し、地域の方と交流を深めています。

そして、大切な取り組みとして、ぽぽろスクエアとの自治会交渉があります。これは、より良い学生生活を送るために、ぽぽろスクエアの運営や授業、施設・設備、学生の自主活動について話し合い、要望書にまとめて交渉をするというものです。「ぽぽろスクエアを2年制ではなく4年制を検討してください」「ヘアメイク講座（特別講座）を年2回にしてください」など、自分の「こうしたい」という願いや思いを声に挙げ、みんなと話し合い、みんなの願いへと形にしていく。この自治会交渉を通して、「自分が、自分たちが生活の主人公なんだ」と肌で感じているように思えます。この取り組みは、大阪府との交渉、懇談の場への参加や、国連の障害者週間に合わせて取り組まれているヒューマンウェーブ集会（自らの願いを大阪府へ直接届ける個人請願や大阪府庁周辺で集会、パレードなど）への参加などにもつながっています。

18歳で選挙権を得て入学してくる学生たちが自らの願いを実現するために、要求、権利の主体者として学生自治会で取り組むこと、大人たちや他の障害分野の方々と一緒に取り組むことも、学校から社会へという移行支援の課題の一つとして大きく位置付けています。

3 仲間のなかで新しい自分に出会う青年たち

ぽぽろスクエアから社会へと巣立っていった卒業生Aさんの姿から、ぽぽろスクエアの実践を振り返りたいと思います。

〈いろいろなことに自信がなかったAさん〉

Aさんは、入学当初から、まわりの様子を見て気配りのできる、とても穏やかな青年でした。Aさんはぽぽろスクエアまで自転車通学をしていましたが、入学して少し経った頃、朝は自転車ごと保護者の車で学校に来て、帰りは自転車でという通学をされるようになり、心なしか元気もなく、昼食も食欲がない様子が見られました。

気になっていた頃、母親から連絡が入りました。通学途中、警察官の方に止められ職務質問を受け、そのことで自転車での通学が怖くて、不安で、食事も喉を通らない様子が見られるとのことでした。ぽぽろスクエアではふだんと変わらない様子のAさん。しかし、実は外に出ること自体が怖いと話していたそうです。このままではひきこもってしまうかもしれないと考え、Aさん本人にも母から話を聞いたことを告げ、警察に実際に話を聞きに行くことにしました。警察官の方から、警察は悪いことをしていない人にも声をかけることがあることなど直接伝えてもらい、少し安心されていたようです。

その後も、自転車で安心して通えるルートをスタッフと一緒に確認したりしましたが、自転車での通学自体もともと不安だったこと、ほんとうは家族の送迎が良かったことを伝えてくれました。この出来事に象徴されるように、日常のさまざまな場面で、彼がまわりに気を遣い、自分の障害によるしんどさを伝えることを遠慮していること。自分からＳＯＳを出せず、自分のことを発信する自信がないこと。一つの要求を伝えたり、叶えたりするために、多くの理由付けを必要としていること。そんな姿が見えてきました。

〈「めんどくさい」という言葉に見え隠れする本当の思い〉

何かにつけて「めんどくさい」という言葉を口にしていたAさん。しかし、その「めんどくさい」の言葉の裏に隠れている本当の思い、願いを「ほんまは〇〇なんちゃうの? それとも〇〇って思ってるのかな?」と、自分の言葉で表現できるように、いろいろなヒントを出したり、代弁したりして、聞き取ることを繰り返してきました。

例えば、ぽぽろスクエアに入学するまで1人で買い物をする経験がなかったAさん。その理由として、麻痺があるため財布やカバンの開閉などに不自由を感じていたり、また、他の人に手助けをお願いすることも、迷惑をかけるから、カッコ悪いと感じていたこともあったようです。そんなAさんが、生活のなかで感じている不自由さと、自分でもやりたい、チャレンジしたい気持ちはあるけれども自信がないという気持ちを受け止めて、生活のなかでの不自由さは具体的な解決方法や対処法を、やりたいことは実現する方法を、一緒に相談しながら考えて取り組んできました。

生活のなかでの不自由さは、「自分らしい生活を送るために、自分の苦手なところは人に助けてもらったらいい。人に助けてもらってできたことも自立。そのために福祉サービスのことなどを知る」という「グッドライフ(進路学習)」の授業での学びなどを通して、実際にガイドヘルパーやホームヘルパーを利用することにつながっています。ぽぽろスクエアのなかでも、スタッフや他の学生に助けを求める姿が少しずつ見られるようになり、自立に向けてショートステイの利用も始めました。

やりたいことを実現する方法については、クラスゼミの時間を使い、Aさんの自宅訪問企画や、「プロ野球観戦ツアー」企画など、Aさんの願いを仲間の中で提案し、実行してきています。

Aさんの自宅訪問企画には、こんなドラマがありました。社会見学の計画の授業のなかで「自分の住んでいる地域を他の学生に紹介して案内する企画なんかどう?」とスタッフが提案したことがありました。Aさんはとても乗り気だったのですが、他の学生はこの企画にあまり気持ちが向かず、別の行き先に決まります。しかし、Aさんの「自分のうちに来てほしい」という密かな望みをなんとかかなえたい、あきらめずに相談することで望みがかなう経験を積んでほしい……と、「クラスゼミの時間を使って行ってみない?」と学生たちに提案しました。すると、「いいよ」「行きたい!」と。徒歩や自転車などで移動することがとても嫌いなAさんですが、自宅訪問企画の日は、ぽぽろスクエアまで来てから、みんなの先頭に立ち、はりきって案内役をしてくれました。そんな自分の願いを一つひとつ丁寧にすくい取ってもらい、仲間のなかで実現していくことをとおして、自分が受け入れられている安心感と自信につながっていったように感じます。

ぽぽろスクエアに入学するまで、家族と一緒でしか外出できなかったAさんが、なんと2年生のゴールデンウィークには、先輩や友だちと電車に30分ほど乗って大阪市内の繁華街まで遊びに出かける姿がありました。

〈仲間の話を聞くなかで、自分のことも語れるように〉

ぽぽろスクエアの朝のミーティングは、「だべリング」と表し、自分のことを言い合う、伝え合う、友だちのことを聞き合う、とても大切な時間になっています。青年期ということもあり、学生たちが家庭での出来事や親に対する不満を朝のミーティングで語り、それが自然と話題にもなる環境です。「親に不満を持っているのは自分だけじゃない」「こんなことを言ってもいいんだ」と、仲間の中なら安心して言える。そんなふうにAさんも感じていたようです。「妹がきついねん。おかんがこの間、天王寺に遊びに行ったこと、いろいろ聞いてきてうっとうしいねん」など、Aさんも笑顔で話していました。

2年生のグッドライフの授業では、進路決定のための見学や実習が始まると、見学や実習を振り返り、エピソードを聞き合います。ふだんは自信たっぷりに見える友だちが「（実習中は）緊張してトイレに行かれへんかった」「他のメンバーさんとよう話できへんかった」と報告している姿を見たり、他の仲間のエピソードや感想を聞くことで、「自分だけが緊張したり、不安を抱えているんじゃない。みんなも自分と同じなんだ」と、安心して思いを伝えることができ、相談することができるようになっていくように感じています。

自分の思いがなかなか言えなかったAさんの2年時の研究テーマは、「僕の反抗期〜自分史」でした。12月の報告会は、中学2年生の時の自分を振り返り、母に対してずっと抱えていた思いを初めて伝えることができた瞬間でした。ここにつながったのは、仲間の中で自分を語り、仲間の話も聞く、ぽぽろスクエアでの生活があったからこそだと感じています。

4 卒業生の進路実態から考える

ぽぽろスクエアでは、1期生から6期生まで、これまで63名の卒業生を社会へと送り出してきました。その卒業生の進路実態からぽぽろスクエアでの学びについて少し触れたいと思います。

社会へと巣立っていった卒業生63名。その31・7%にあたる20名の卒業生が転職しています。その背景としては、大きく二つの傾向があるように考えます。一つは、自分に合わないところは、自ら相談機関に相談して合うところを探し、考えて変わっているということです。もう一つは、学生自らが「力をつけてから次の仕事に挑戦したい」と考えて、時間をかけて次のス

ぽぽろスクエア卒業生の進路実態（2019年12月末現在）

進路種別	1期生		2期生		3期生		4期生		5期生		6期生	
	卒業 2014.3	現在	卒業 2015.3	現在	卒業 2016.3	現在	卒業 2017.3	現在	卒業 2018.3	現在	卒業 2019.3	現在
生活介護事業所	4	2	0	2	3	3	3	4	3	3	1	1
就労継続支援B型	6	7	7	6	4	5	3	5	6	6	7	7
就労継続支援A型	0	1	0	0	0	0	0	0	0	0	0	0
就労移行支援	1	0	3	0	1	0	4	1	0	0	0	0
一般就労	0	0	0	3	0	1	0	1	0	0	0	0
進学	0	0	1	0	1	0	2	1	0	0	1	1
その他	1	2	0	0	0	0	0	0	1	1	0	0

テップへと移行していく卒業生が多いということです。

右記の表からもわかるように、ぽぽろスクエア卒業後すぐの進路としては、就労継続B型、就労移行支援や職業訓練校を選び、その後、卒業生の約1割が、一般就労へとステップアップしています。

入学当初は「ぽぽろスクエアを卒業したらすぐに就職する」と話していた学生が、「自分はまだ会社で働くのは早いと思ったから、就労移行に行って働く訓練をしたい」と言って、就労移行支援事業所に実習に行きます。その実習後の振り返りで「就労移行もまだ自分には早いと思った」と話し、最終的に就労継続B型事業所に進路を決めた卒業生がいました。

職業訓練校や就労移行支援事業所に進んだ後、一般就労へとつながりますが、そこでうまくいかず再訓練になった卒業生もいます。しかし、そこでくじけることなく、職場に復帰できたり、再就職しています。別の卒業生は、「介護の仕事に就きたい！」という夢を持ち続け、就労継続B型から高齢者のデイサービスの清掃業務を行っている就労継続A型へ移行し、夢を実現しています。

どのケースでも、現状に満足せず、自分の進路については卒業後も引き続き試行錯誤し、悩んだり、相談したりしながら、自分で自分の進む道、進路を決めている卒業生、青年たちの姿が垣間見られます。ぽぽろスクエアでの2年間の学びと仲間集団のなかだからこそ、自分のやりたいこと、自分に合う仕事はなんだろうと、自分に向き合い考える経験と時間がたっぷりあること。そして、自分の得意なこと、苦手なこと、ひいては自分の障害について気づき、考え、知る機会となっていることです。この学びは、自分に合った進路を自分で考えて決めることにつながり、困ったときには相談し、失敗してもくじけない、次へと向かうたくましさを育てているように感じます。

一方で、「もう少し力をつけてから社会へ出たい」「自分に合ったしごとが見つからない」と思っている学生も少なからずおり、そんな学生には2年間の学びでは短く、もう少しゆっくり学べる時間があればと思います。現状の自立訓練事業の利用期間は2年間（延長申請をして審査会で認められたら最長1年間の期限延長が可能）となっており、期限延長が課題です。

男子会

5 ぽぽろスクエアでの学びを通して

卒業にあたって、「ぽぽろスクエアってどんなところ?」と、卒業生たちに色紙に書いてもらいました。「みんなの話を聞くところ」「みんなと過ごせるところ」「楽しいところ」「学ぶところ」「しんろ（進路）を手伝ってくれるところ」などの言葉を寄せてくれました。この一人ひとりの言葉が、まさにぽぽろスクエアでの学びを表していると感じます。

「みんなの話を聞くところ」と書いてくれた学生は、入学当初は自分の興味のあることを一方的に伝えるというようなかかわりが多く、良好な対人関係を築くことが難しい青年でした。その青年が、仲間のなかで自分のことも伝え仲間の話を聞くという生活を2年間積み重ねることで、「みんなの話を聞く」営みが決して苦痛ではなく、そのなかで他者と気持ちを通わせることができた、仲間ができたという実感があったのではないかと思います。

「みんなと過ごせるところ」と言葉を寄せてくれた学生は、もともと1人で過ごす場面が多く、他者と関わるよりも1人で過ごすほうが落ち着くようにスタッフも感じていました。しかし、忘年会で仮装をしたり、男子会で夜中までバカ騒ぎをしたり……。「みんな（友だち）と過ごせる」ことが本当に楽しく、心地いいと感じているのです。

ぽぽろスクエア5周年記念誌で、中部大学教授・湯浅恭正先生（ぽぽろスクエアを支える会前会長）が、ぽぽろスクエアでの学びについて次のように述べておられます。

「『ぽぽスク』が青年たちの自分づくりを進める生活をつくり出そうとしてきた（中略）自分づくりの過程には『行きつ戻りつ』のジグザグ・遠回りをしながら自己の存在を見つめ直すための生活がなくてはならない（中略）日常の中で繰り返される職員と青年たちとの『対話と応答』のある生活全体が、薄皮をはがすようにじっくりと青年たちの自分づくりを励ましています」

「対話と応答」のある日常が、何を言ってもいい、どんな姿でも受け止めてくれる「安心できる居場所」となり、そこを土台に、同年代の仲間のなかで、そのままの素の自分を出せる、それを受け止めてもらえる、そして、そんな仲間のなかだからこそ折り合いをつけ、自分は自分であっていいと思えるようになる……。そんな仲間集団とその仲間との体験、そしてそれを見守る支援者とゆったりとした環境＝学びの場が必要ではないでしょうか。

「働く場」においても集団が保障され、本人の願いに寄り添い、自分らしい生活をともに考える、発達を保障する実践をされている事業所は多くあると思います。しかし、「働く場」では、やはり「仕事」「作業」が主になり、同年代の仲間のなかで、自分に向き合い、他者と向き合う……。そんな集団や環境を常に保障することは難しいと思います。

青年期をどこで、誰と、どう過ごすかが、障害を持つ青年たちの人生に大きくかかわり、自分で自分の生活を考え、築いていける力につながっていくと考えます。１人でも多くの青年が、どんな障害を持っていても１人の青年として、いっぱい青春して楽しい青年期を過ごしてほしい、新しい自分に出会ってほしいと思います。

福祉型専攻科のなかでは「老舗」とも言えるぽぽろスクエアですが、開設初期より、青年期の発達を丁寧にささえようと実践を積み重ねている様子が伝わってきます。

この実践報告を読むと、何よりも「仲間」を大切にしていることが伝わってきます。それは、すなわち、青年期の発達を支える上で「仲間」が重要ということです。おそらく、「仲間」が大切ということは、小さいときから意識させられ続けていることだとは思いますが、案外、障害のある青年たちは、本当の意味での「仲間」を学校教育の間に経験できていないということがあります。

通常の学校のなかで、集団になじめず、場合によってはいじめのターゲットとされてきた青年たちにとって、一緒に学ぶ人たちは、「仲間」どころか「敵」なのかもしれません。特別支援学校や学級では、「個別の指導計画」の押し付けとともに、「指導の個別化」といった現象もおきており、「仲間とともに学ぶ」が弱くなっていると言われます。

その意味で、安心できる居場所で、楽しいことを、「仲間」と一緒にという経験を、このタイミングで積み直すことは欠かせません。

障害のある子どもたちには、一般の中高生のように、学校帰りに「仲間」と一緒に寄り道をするといった経験がないことが多いです。ぽぽろスクエアのスタッフは、学生が「寄り道」ができるようになることを本気で喜びます（「〇〇デビュー」とよばれるこのエピソードは第Ⅲ章3をご覧ください）。家と職場・作業所との往復だけの人生は、けっして「ゆたかな生活」ではありません。たまには、カフェでまったりしてみたり、「仲間」とカラオケで盛り上がってみたり、成人になれば「ちょっと一杯」も、私たちの生活にはとっても大切な「時間」です。

青年期の発達を支える場所は、大切な「仲間」と大切な「時間」を一緒に過ごせる「空間」です。この三つの「間」の保障が、すべての青年たちに保障されるような社会を目指したいものです。

（伊藤修毅）

2

生きる力をなかまとともに
——ゆっくり歩こう働くおとなへの道〈シュレオーテの実践〉

清時忠吉

学生時代のさまざまな出会いや経験が社会人として生きていく方向性を左右するといっても過言ではなく、どこでどのような学生時代を送るのかはその人の人生のなかで大きな意味を持ちます。一般的には〝学生時代〟と呼ばれる時期が「学校から社会への移行期」と考えてよいでしょう。ところが、障害児の場合は、支援学校卒業後の〝学生時代〟が空白になっているようです。特別支援学校高等部卒業者の進学率は2パーセント程度であり、高等部卒業後すぐに〝社会人〟として働く場へと移行することが当然のことのようになっているのです。

障害のある青年が、わずか18歳で〝社会人〟として働く場へと移行するのではなく、支援学校高等部卒業後に4年間の〝学生時代〟を過ごす場があってもいいのではないでしょうか。青年期教育の場「シュレオーテ」の実践を振り返り、「学校から社会への移行期」における学びの意義について報告します。

	月	火	水	木	金
9：45	朝のミーティング				
10：00	話し合い	働く（アルバイト）	農園	生活学習	選択活動
12：00	昼食・昼休憩				
13：10	体操	ダンス	スポーツ	音楽	よさこい
15：00	帰りのミーティング				

1 シュレオーテの概要と教育目標

全国的に広がっている福祉事業型専攻科（卒後の学びの場・青年期教育の場など呼び方はさまざまです）の多くは、自立訓練あるいは就労移行支援という事業を選択して移行期支援に取り組んでいます。しかし、シュレオーテは希望者のほとんどが重度の障害のある青年であったことから、生活介護という事業を選択して開設しました。言葉でのコミュニケーションが難しい、自閉症や脳性麻痺などの症状が重く個別の配慮が欠かせない彼らに、どのような青年期の学びを保障すればいいのか。先行事例もなく、自分たちで試行錯誤を重ねて創り出していくしかない状況でした。

学びのプログラムは、1日単位では午前1コマ、午後1コマ。1週間で計10コマというゆったりとした設定にしています（前頁図参照）。

〈全体としての教育目標〉

学習や体験を通して、個別の発達と集団への参加を促し生活する力を育む。

「生きる力をなかまとともに」をテーマに親・家族との連携・共同を大切にする。

〈1年目・2年目の教育目標〉

人間関係⇩集団の中で関わり合い、自分らしさを表現できる力をつける。

チャレンジ⇩いろいろな経験を通して自分の興味関心を広げる。

生活力⇩衣食住など生活の基本を学び、生活面の基礎的な力をつける。

労働⇩生活の中で役割をもち、意欲をもって取り組む。

人生⇩自分の好きなことを見つけ、楽しみのある生活をつくる。

〈3年目・4年目の教育目標〉

人間関係⇩集団の中で関わり合い、お互いを思いやる人間関係を学ぶ。

チャレンジ⇩自分の興味関心を広げ、自己選択・自己決定する力をつける。

生活力⇩生活面の学習を通して健康で文化的な生活を送るための意識を高める。

労働⇩働くことを通して経済を学び、社会で役立つ自分を実感する。

人生⇩生活地図を作成し、自立した社会人生活を設計する。

〈支援者の姿勢として大切にしていること〉

じっくり待つ姿勢、合言葉は待つこと。

「あーでもない、こーでもない」と試行錯誤を青年と一緒に楽しむこと。

自己選択・自己決定を尊重すること。

2 学びの期間の設定について

シュレオーテの場合は生活介護であり、制度的には年限のない事業を選択していましたが、他の福祉事業型専攻科と同様に学びの期間は2年間としてスタートしました。1年が過ぎ、2年目に入った頃、ゆっくりじっくりと自分たちのペースで学ぼうと実践を進めるうちに、スタッフには「本当に2年目に進路選択の課題に取り組めるだろうか?」という焦りが生まれました。親・家族からも「2年間では短すぎるので延長できないか?」という声も上がり始めていました。そのような中、スタッフが受講した全国専攻科（特別ニーズ教育）研究会の夏期講座で、特別支援学校の専攻科などの取り組みを知り、青年期の学びの期間のあり方について次のように整理しました。

☆特別支援学校の専攻科の場合

「高等部本科3年」＋「専攻科2年」＝「5年間」

⇩5年間を見通した教育カリキュラムを設定していることがポイントで、2年間の教育年限の延長によって後期中等教育の充実が図られています。

☆福祉事業型専攻科の場合

「支援学校高等部3年」＋「福祉事業型専攻科2年」＝「5年間」⇩支援学校を卒業して福祉事業型専攻科に入学しますので、活動する場所も支援者もガラッと変わります。物理的にも制度的にも5年間を見通すことは困難であり、この5年間をひとまとまりの後期中等教育の期間として捉えるにはあまりにも連続性に欠けると言わざるを得ません。

☆シュレオーテの場合

そこで、シュレオーテを重度の知的障害がある人も

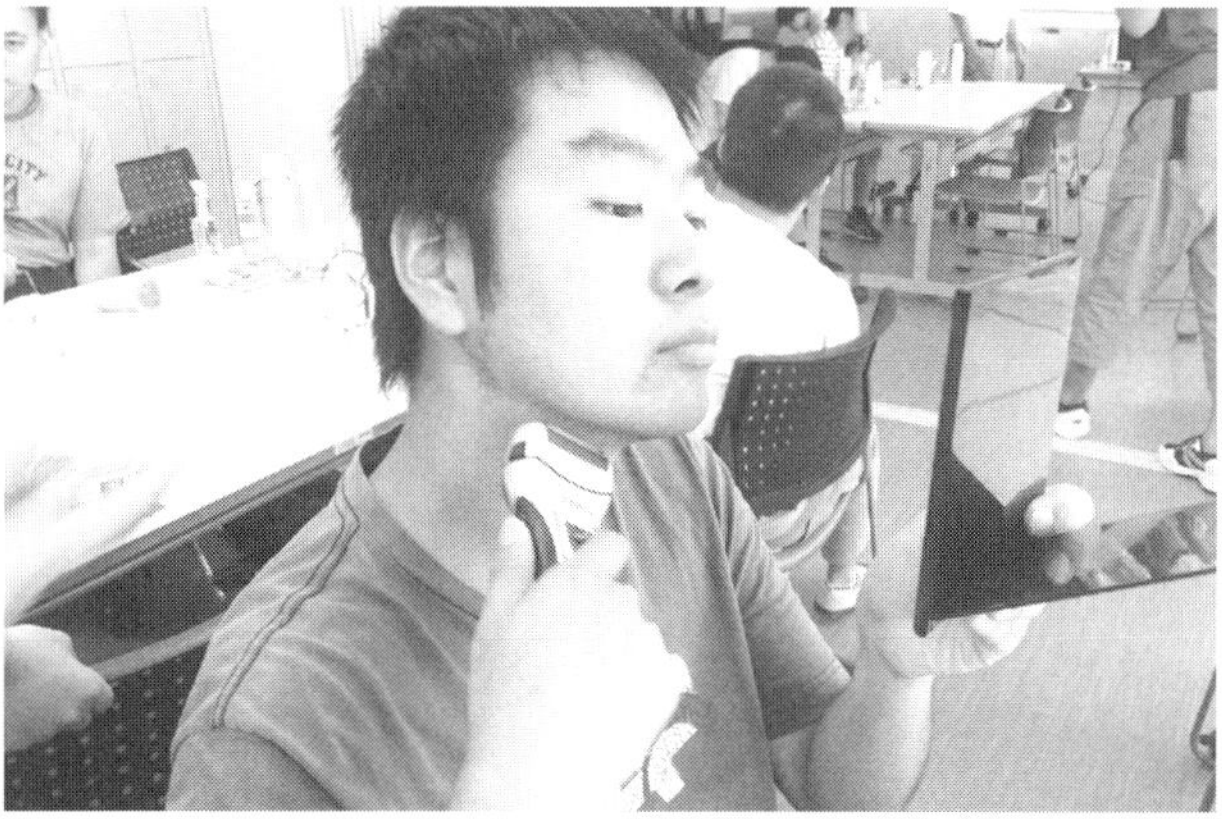

身だしなみ講座

通える大学にあたる学びの場として捉えなおし、学びの期間を4年間に変更することにしました。この変更が以降のシュレオーテのプログラムのあり方に大きな影響を与えました。

「生活面の学び中心2年」(教養課程にあたる部分)＋「働く大人への準備2年」(専門課程にあたる部分)＝「4年間」。

3　4年間の学びのプログラム

(1)安心して参加できる自由度の高い活動を保障する

シュレオーテでは「自由度が高くみんなが参加できる青年期らしいプログラム」を大切にしています。具体的にはダンス、よさこい、太鼓、音楽、体操、スポーツ、陶芸などです。これらのプログラムで大切にしていることは、安心して〝参加〟できること、安心して〝自分を表現〟できること、安心して〝チャレンジ〟できることです。上手か下手か、成功か失敗か、早いか遅いか、というような評価の目から解放された自由度の高い活動には安心感が生まれてきます。このような自由度の高い活動を保障することが、重い障害がある青年たちへの支援のポイントであり、これがシュレオーテの4年間のプログラムの基礎となっています。

(2)自己選択・自己決定を尊重する(ファッションショー)

その上に、生活面の学びを中心とした、ゆとりをもって取り組める活動を位置付けています。

例えば、生活学習としての〃ファッションショー〃があります。

はじめに、季節に合った服装や自分の体に合った服のサイズを事前学習として学びます。このときTシャツにはS・M・Lというサイズがあることを初めて知る青年もいます。次に、服を購入する買い物学習を行います。服を買うときは、①サイズ、②デザイン、③値段の三つを見ることを学び、実際に店に行って、気に入った服を自分で選び自分で購入する経験をします。最後に、買ってきた服を着用してファッションショーを行い、自分らしさを表現します。

この一連の学びのなかで、買物で気に入った服を選ぶ、ファッションショーのBGMを選ぶなど〃自分で決めること〃を大切にしています。服の選択について、親・家族に全権委任してしまっていた青年は意外と多いようです。親・家族は買ってきた服を見て、我が子のファッションの好みを初めて知ることになったりもします。親・家族が自身の価値観を障害のある子どもに押し付けてしまっていたのではないかと、ふと立ち止まって考えるきっかけになるかもしれません。

ファッションショー「帽子も大切なファッションです」

⑶集団のなかで自分の役割をもつ（クリスマスパーティー）

日々の活動のなかでの給食当番や掃除当番、さまざまな行事のなかでの司会や発表者、準備係など、集団のなかで役割を持って活動することを大切にしています。例えば、クリスマスパーティーは手作りで取り組んでいます。

まず、青年たちで「司会係」「飾りつけ係」「食事係」「ケーキ係」「舞台発表係」などの役割を分担します。みんなが楽しめるように、喜んでくれるようにと、係で相談しながらパーティーの準備をすすめていきます。このときスタッフは、青年たちの主体性を尊重し、「あーでもない、こーでもない」と言いながら試行錯誤を青年と一緒に楽しめるかを問われます。スタッフが意図してしまいがちな正解のようなものを気にすることなく、自分たちが何をしたいのか？どうしたいのか？を尊重されながら準備を進めてこそ〝ほんとうの手作りパーティー〟となるのです。このように一人ひとりが主体的になり、なかまとの関わり合いのなかで、認めたり認められたり、頼ったり頼られたりという経験をしながら役割を果たす達成感や充実感は、かけがえのないものです。

「成功も失敗もない、ここにあるのは達成感」

これはシュレオーテの実践のなかで生まれた合言葉の一つです。この達成感が後々に働く意欲の源になると考えています。

⑷本物の経験を通して学ぶ（アルバイト）

3年目からは〝働く大人〟になるための具体的な準備として、二つの卒業プログラムを位置付けています。一つ目が〝アルバイト〟です。作業実習でもなくお仕事体験でもありません。アルバイトは実際に給料を手にできる本物の経験であり、この経験が「働きたい！」という主体的な気持ちを育てると実感しています。ここで大切に考えていることは、早すぎでもなく遅すぎでもないアルバイト経験の適齢期です。成人式の直後にあたる3年目は、青年たちの意識のなかに「大人」「働く」というキーワードがより実感を持って入り込んでいきます。20歳というライフステージとアルバイト経験を重ね合わせることには大きな意味があり、移行期における学びとして青年たちが主体的になりやすいと言えます。

　また、働くこととお金（給料）を結び付ける学びも欠かせません。働いてお金（給料）を受け取り、自分で稼いだお金でCDを買うなどの要求実現に結びつけることが重要であり、これが働く目的になる経験を重ねていきます。作業実習や作業訓練のように実際に給料が出ないと、働く目的が「ダメと言われないようにする」「言われたことを言われたようにする」「ほめてもらえるようにする」となってしまいかねません。「アルバイトの経験」では、働くことでお金（給料）がもらえる喜び、仕事仲間と喜びを分かち合える嬉しさなどを知ることができます。

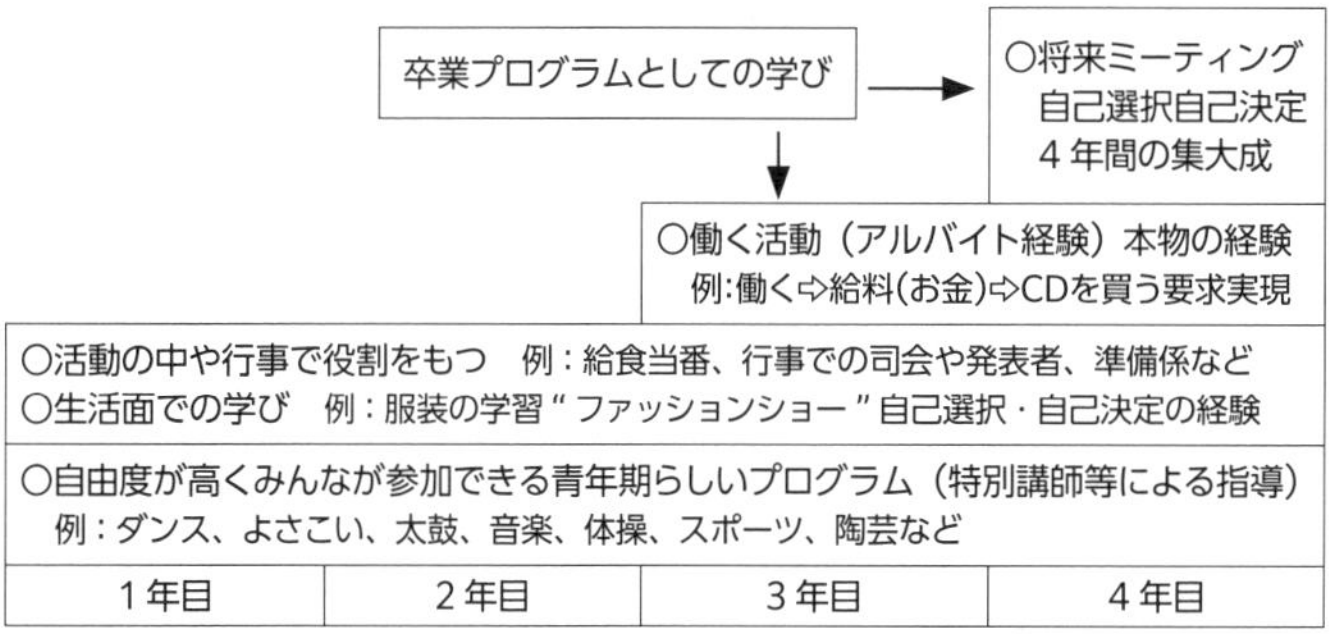

卒業プログラムとしての学び
○将来ミーティング
自己選択自己決定
４年間の集大成
○働く活動（アルバイト経験）本物の経験
例:働く⇨給料(お金)⇨CDを買う要求実現
○活動の中や行事で役割をもつ　例：給食当番、行事での司会や発表者、準備係など
○生活面での学び　例：服装の学習“ファッションショー”自己選択・自己決定の経験
○自由度が高くみんなが参加できる青年期らしいプログラム（特別講師等による指導）
例：ダンス、よさこい、太鼓、音楽、体操、スポーツ、陶芸など
１年目
２年目
３年目
４年目

「どのような仕事をすることになっても、働く目的が自己実現となるような豊かな人生を歩もう！」

これが〝アルバイト〟という本物の経験を通して青年たちに伝えたいメッセージです。

⑸自己選択・自己決定の集大成（将来ミーティング）

4年目には、卒業プログラムの二つ目として「将来ミーティング」があります。時間をかけて、じっくり自分に向き合い、進路を自分で選んで決める経験は、シュレオーテでのさまざまな学びの集大成とも言えます。これまでの人生で経験してきた進学は、親・家族に決めてもらうものだったかもしれません。しかし、職業の選択は自己選択・自己決定でこそ〝働く大人〟への移行だと考えています。たとえ重い障害があっても「将来ミーティング」は、自己選択・自己決定を前提としてすすめています。とは言え、現実的な働く場の選択肢はどうしてもスタッフや親・保護者で準備せざるを得ないのも実情です。知的障害の状況が最重度の場合は、本人の想いを親・家族とともに推測しながら連携してすすめることになっています。「将来ミー

活動発表会

ティング」は、単に進路を考えるための時間だけではなく、「自分に合う仕事はあるかな?」と考える期待や不安が生まれ、気持ちが揺さぶられる時間でもあります。また、自分の希望通りにならない場合もあり葛藤する時間でもあります。

3年目と4年目の具体的な働く準備としての卒業プログラム(アルバイト・将来ミーティング)は、さまざまな葛藤をしながら心理的・社会的な自立を遂げて大人の仲間入りをする青年期にふさわしい学びとなっています。

4 青年期の移行の課題は二つだけではない

青年期には、「子どもから大人へ」「学校から社会へ」という二つの移行の課題があると言われています。福祉事業型専攻科では、この二つの課題に取り組んでいます。シュレオーテでは、移行期支援に取り組むなかで、もう一つの移行の課題があることを発見しました。それは、青年の親が「把握して管理する保護者」を卒業して「尊重して信頼する良き家族」に移行することです。親にとっても移行期が大切なことをシュレオーテの実践を通して実感しています。

このことは障害者の親にとっては永遠の課題と言われるものかもしれません。親は障害のある我が子のためにあらゆる努力を重ねて子育てしています。支援学校高等部卒業後の進路としてシュレオーテがいいのではないかと考えたのも、多くの場合は親です。子育ての過程で無意識のうちに子どものことを頭のてっぺんから足の先まで把握して管理する親になってしまっていることはまれではありません。子どものことに一生懸命で熱心な親ほど、把握管理型の子育てに陥っているように感じます。

青年期にさしかかると子どもたちは青年らしくなり、さらに大人っぽくなっていきます。特に福祉型専攻科での変化は目を見張るものがあります。このように巣立とうとする子どもたちに負けないで、親自身も大きく変化することが子どもの羽ばたきに力を与えます。大人同士の家族として、ほどよい距離間の親子関係を新たにつくることが、親の自律・子の自律につながります。

5 卒業生の姿から見えてきたこと

これまでにシュレオーテを卒業した19名中11名が、同法人の作業所で働いています。シュレオーテの卒業後の進路となった作業所の職員からは、シュレオーテを卒業して働く22歳の青年と、支援学校を卒業してすぐに働く18歳の青年とでは違いがあるという報告があがっています。その違いを大きく三つにまとめると、シュレオーテの卒業生は、①YES／NOをはっきり言う、特にNOが言えるので、嫌な時にしっかり断る力がある、②自分の意見や希望を堂々と言う、③働くという目的を持って作業所に来ていることがわかる、ということでした。

このような様子を見せている卒業生たちも、シュレオーテに入学した当初の姿は、①NOがなかなか言えない、②自分の意見はあるが最後の最後まで言えずにスタッフに促されてようやく言う、③働くことについて目的もイメージもない状態でした。そんな彼らの4年間での変化には、目を見張るものがあります。
ここでAさんの事例を紹介します。Aさんは、支援学校卒業後1年間B作業所に通ってからシュレオーテに入学しました。シュレオーテを卒業後は、同じB作業所に進路を決めて〝働く大人〟として再スタートしています。
B作業所の職員Cさんは、Aさんの変化について次のように語っています。

支援学校卒業後すぐにB作業所に入った1年間は、自分が嫌なことをなかなか言えなくてストレスをため、家でお母さんの耳たぶや練り消しゴムをさわって心を落ち着かせることが多かった。何かを頼まれると断ることができず、なんでもやってくれるが自己主張はあまりしなかった。どっちにしますか？　と聞かれたとき、なかなか選べずモジモジすることが多かった。シュレオーテを卒業してB作業所に戻ってきて変わったのは「ボク、これやります」と伝えられることが増えたことと、「ボク、難しい」と言えるようになったこと。選択する時も迷わず「こっちです」と意思表示することができていること。また、同じグループの利用者に「みんなでしよう」と誘う場面が見られること。他人に指摘できるようにもなったこと。

たしかにAさんは、入学当初からNOがなかなか言えず、我慢ばかりしている様子でした。「課題は自分の気持ちを発信することやなあ」と、親とスタッフで共通認識をもってAさんのシュレオーテでの学びを見守ってきました。卒業するときには、ようやくまわりを気にせずに自分の意見を言えるようになってきたかな？ という印象でした。卒業後のB作業所での様子を聞くと、シュレオーテでの学びが彼を大きく変化させたことを確認できます。

シュレオーテを開設してようやく5年が過ぎたところではありますが、「学校から社会への移行期」における学びの意義について手ごたえを感じつつ、その学びのプログラムのあり方についても本報告のような見通しを持ち始めたところです。

6 まとめ

障害のある青年たちの移行期支援の実践を通して、後期中等教育の充実と高等教育の保障は大きな意義があると感じているところです。そもそもゆっくり自分のペースで発達している障害のある子どもたちは、働く大人になるスピードもゆっくりだと考えるのが自然です。にもかかわらず支援学校高等部卒業後の進路は9割以上が「働く場」となっています。「この子はゆっくりと自分のペースで育てばいい」と我が子の障害を受け止めて、特別支援学校に進学させたはずなのに、なぜこの子が高等部を卒業してすぐに働かなければならないのだろうと矛盾を感じている親・家族も少なくはないだろうと思います。

シュレオーテで取り組んでいるプログラムで大切にしていることは、「安心して参加できる自由度の高い活動を保障すること」「自己選択・自己決定を尊重すること」「集団の中で自分の役割をもつこと」です。障害のある子どもたちの教育においてはこういう基本的な要素をもったプログラムを高等部卒業後の学生時代にもたっぷりと保障する必要があると考えます。

大学は学力が高い人が行くところ、スポーツや文化で能力の高い人たちだけが行くところというイメージが一般的なのかもしれません。しかし、シュレオーテで学ぶ青年たちが〝働く大人になるために大切なこと〟を学んだ学生時代には、大きな意義があることを発信してくれています。シュレオーテ5周年記念誌のタイトルは「学・青時代」です。社会に出る前に「学力や能力にかかわらず、障害の有無にかかわらず、障害の重い軽いにもかかわらず、学生時代がみんなに保障される教育のあり方」を提唱したいという想いが込められています。

日本が141番目の締約国となった障害者権利条約では、第24条「教育」の項目で「締約国は、障害者が、差別なしに、かつ、他の者との平等を基礎として、一般的な高等教育、職業訓練、成人教育及び生涯学習を享受することができることを確保する。このため、締約国は、合理的配慮が障害者に提供されることを確保する。（日本政府公定訳）」と掲げており、その実現に向けて今後も実践と検証を重ねることが課題であると感じています。

音楽をたのしむ

専攻科、つまり、高等部卒業後の学びの場の議論をすると、必ずと言っていいほど、「それは、障害の軽い人のためのものでしょ」という意見が出てきます。この意見を真っ向から否定することができるのが、生活介護事業を活用しているシュレオーテです。

多くの福祉事業型専攻科が自立訓練（生活訓練）事業を活用しているなか、生活介護事業の活用にはある程度障害の重い方が対象となるということだけではなく、2年という区切りがないというメリットがあります。しかし、だからと言って、いつまでもシュレオーテにいることができるわけではなく、意識的に「学びの期間」を設定したこと、そして、試行錯誤のすえ、「4年間」という期間に落ち着いたことも、シュレオーテの実践の産物と言えます。そして、それが、多くの障害のない青年が高校卒業後の期間を過ごす「大学」と同じ長さになったということは決して偶然ではなく、青年期の発達課題に向き合うために「ちょうどよい期間」ということなのではないかなと考えています。

シュレオーテの実践で、私自身が特に着目しているのが「ファッションショー」の取り組みです。みなさんは、自分で自分の服を選ぶようになったのはいつ頃からだったでしょうか。ぽぽろスクエアの実践報告に「朝起きるとその日に着る服がコーディネートされ一式置かれており、自分で自分の着る服を選んだ経験のない学生もいました」とありましたが、これは、障害のある青年たちのなかではけっして珍しいことではありません。「自己選択・自己決定」と言うと、少し大げさなのかもしれませんが、着たい服を自分で選ぶという、素朴なところから、経験を積み上げていくことは、本当に大切です。

清時さんは、最後に、障害者権利条約にも言及されていますが、こういった豊かな経験を積み重ねる期間が「4年間」保障されることは、まさに、権利条約でいう「他の者との平等を基礎」とした取り組みと言えるのではないでしょうか。

（伊藤修毅）

3

自分たちで考えることを大切に
——リーブキャンパスひびきの学生たちから学んだこと

中井友紀

　私が障害のある方たちと一緒に働くようになって、20年ほどになります。そのなかで、彼らに何か「問題行動」があったとき、そのことだけに目を向けるのではなく、なぜそのようなことが起こるのかという背景や要因にも目を向けること、すぐに答えを出すのではなくて、一人ひとりと丁寧に関わり、職員間で議論し、実践を積み重ねていくなかで、結果として何かが見えてくることもあるのだということ、他人より秀でることを自信にするのではなく、他人と協力し、共感し、共に悩むことから生まれるもののなかにも、素晴らしく意味のあるものが存在するのだということなど、障害のある人たちと共に働くなかで得たものは数えきれません。

〈リーブキャンパスひびきの概要〉
○事業形態：自立訓練事業
○定員：20名（各学年10名）

	月	火	水	木	金
9:40	ラジオ体操・朝の会				
10:00	今週の予定確認 話し合い	国語表現 生活学習など	仮説実験／ 調理実習	生活学習	心とからだ／ パステル
12:00	昼食・昼休憩				
13:30	スポーツ／音楽	社会など	工作／ 調理実習	お菓子作り 話し合い	今週の振り返り ティータイム
15:00	掃除				
15:20	帰りの会				

○利用対象者：自力通所が可能な方（送迎はありません）。18歳～20歳代前半までの方で障害のある方（要相談）。

○カリキュラム（前頁表参照）

1 学びの場「リーブキャンパスひびき」立ち上げまでの胸のうち

リーブキャンパスひびきがスタートするまで、障害のある中高生が月に1度ほど集う「かめくらぶ」がありました。かめくらぶは、お母さん方の声から立ち上げられたもので、同じ東大阪市で長年障害者運動に携わってきたひびき福祉会も関わらせていただいていました。そのなかで東大阪にも「学びの場を！」ということから「リーブキャンパスひびき」がスタート。3年が経過しました。

私は、リーブキャンパスひびきへ異動するまでの10年間、日中活動の大半を仕事を中心とする事業所に所属していました。そこではみんなが自分の持ち場に分かれて、惚れ惚れするほどよく働いていました。そのなかで、仕事以外の場面での人間関係のトラブルに遭遇することがよくありました。そんなとき、いつも何かやりきれない思いがありました。彼らはもう立派な大人であり、仕事にも誇りを持って働いていたのですが、どこか幼さが抜けきれない感じがあったり、仕事のなかで見せるたくましい姿とは別の部分が見え隠れしたりしていました。特に一緒に働く人たち同士のコミュニケーションが下手だなと感じました。楽しくてみんな同じ意見のときはいいのですが、自分と違う意見のときや、相手に断りを入れなければならないときには、はっきりものを言えなくてストレスを感じたり、スマホでのやりとりで誤解を与えてケンカになったりしていました。その度に職員が間に入り、話を聞き、仲を取り持ちました。職員が間に入ればトラブルはそれで解決はしますが、もっと直接ぶつかりあえればいいのにな、思っていることを口に出せればいいのにな、という思いがいつもありました。

彼らが極端に自分たちの思いを言葉で表せないのは、私たち職員が口出ししてしまうからなのか、それとも障害があるがゆえなのか、そんなモヤモヤした思いがいつも心の何処かに渦巻いていました。だから、異動が決まったときは「えっ、このタイミングで異動か。もう少しこの問題に向き合いたい、答えを出したい」という気持ちと「これから作り上げていく新しい事業所へ異動なんや！」という前向きな気持ちとで、複雑な心境だったことを思い出します。

2 「学びの場」という選択肢

リーブキャンパスひびきを立ち上げるときに、当時高等部2年生だったEくんのお母さんが言われたことが忘れられません。

「私はな、リーブキャンパスに息子が行けばいいな、って思ってんねん。でもな、それを決めるのは私じゃないねん。Eくんやねん」

それはごくごくあたりまえのことのように思えますが、このとき初めて私の胸のなかに教育権という言葉が落ちました。

「そうやん、それが大事やな。一般就職する人もいれば、どこか事業所で働く人もいる、もっと勉強したいという人もいる、親がこうすればいいな、と思う方向に進まないことだってある、それが青年期ってもんやん！　そら、それは本人が選ぶべきやな」

障害があってもなくても、そんなあたりまえのことがあたりまえに選択できるような人権意識をみんなが持てる世の中になってほしいと思います。そのEくんが高等部3年生になったとき、Eくんのお母さんとまた少しだけ進路の話をすることになりました。Eくんは職業訓練校を受けると言います。しかし、その試験の結果がわかるのは2月で、もしアカンかった時にどうしよう、というものでした。

私は、「まだ、うちは空きがありますよ。そのとき、試験がダメやったらウチに来てもらってもいいし、他の事業所とか一般就職とか行ってもいいし、それでもやっぱりリーブキャンパスに行きたいなって思ったら、その時に来たらいいじゃないですか！」と伝えました。Eくんのお母さんは、少しホッとしたような感じでした。障害のある子どもたちに限ったことではありませんが、進路を決める際に、もっとゆったりとした気持ちで対応できる心の余裕をまわりの支援者たちが持ち合わせていたいな、と思いました。

3　一人ひとりとじっくり向き合えることの大切さ

リーブキャンパスひびきに来て「贅沢だな」と感じることのひとつは「時間がたくさんある」ということです。時間をかけていろいろなことを話し合いで解決していくその時間です。仕事が中心の以前の事業所でも話し合いの時間を大切にしてきたつもりでしたが、彼らに任せきれるほどの時間は取れませんでしたし、限られた時間のなかでは自分自身にも彼らの答えを待つ心の余裕はありませんでした。ところが、リーブキャンパスひびきは話し合いばかりで、正直うんざりすることも多いのです。しかし、このうんざりするぐらい話し合いに時間を掛けられる「ヒマ」こそ、学びの場の「忙しさ」であり、社会に出る前の青年期を過ごす人たちにとっていかに有意義な時間であるか、ということに私は気づいてしまいました。

(1)本当に「待つ」ということの意味

Aさんは入所当初、とてもおとなしいイメージがありました。おとなしいというか、リーブキャンパスひびきに仕方なく来ている感じを受けました。個室に閉じこもって昼食のとき以外は姿を見せず、いつもイヤホンで音楽を聴いて外界の音をシャットアウトしていたのです。彼女が入学して1か月ほど経ったあたりから、パニックが見られるようになりました。しかし、それを何度か繰り返すうちに、ルールがあることがわかってきました。職員体制の薄いときは静かに別室で過ごすこと、午前中は寝ていることが多いが昼からはイヤホンをしながら教室の隅に座るということ。彼女なりに授業に参加しているのだろう、そんなことがわかりだした頃、全く授業に興味を示さないかに見えていた彼女が「仮説実験」の授業に顔を出し、「何してるの?」と自分から話しかけて来ました。それは1円玉を水に浮かせる実験でした。「一緒にやろう!」と声を掛けると、1円玉を手にしてそっと水に浮かせて「お〜」と驚いたような笑ったような表情を見せました。私は1円玉が水に浮かんだことよりも、Aさんが授業に初めて興味を示したことが何よりうれしくて、1円玉を持つ手がプルプルしました。

その頃から、彼女は他の授業にも参加する時間が増えていきました。別の日の「虫めがね」の授業では「小学校の時、モノサシの横に虫めがねが付いてるの持ってた!」と彼女のほうから発言してくれたこともありました。そんな少しずつの積み重ねのなかで、イヤなことや困ったことがあるときは、彼女のほうから「話し合いしてほしい」と伝えてきたり、授業に出たくないときは「今はイヤや」と言えるようになっています。その場で1度拒否をしたプリント類の書き込みも、後から記入して発表してくれることもあります。

(2) 友だち同士のかかわりのなかで

Bさんはある一定の音にとても敏感な学生です。なかでも男性の咳払いが、かなり不快に感じるようです。「仮説実験」の授業を担当してくださっているNさんは、ときどき咳払いをするらしい。「らしい」というのは、気にならない者にとっては言われなければ気づかない程度のものだからです。ある日、いつもは物静かなBさんが「ホンマに、いつもいつも咳払いしやがって!」と、授業者のNさんに向かって叫んだのです。内心ドキドキしましたが、その一言で後はいつものように静かに授業を受けていたBさん。何事もなかったかのようにNさんも授業を進行してくださっていました。

ところが、しばらくして先のAさんが「あんな言い方したらアカン。Nさんに謝ってほしい」と言い出しました。「そうやな、あかんな。でもBさん、今は咳払いが気になって謝られへんかもしれへんから、代わりに謝ってあげたらいいんちゃうか?」と職員が提案すると「なんて謝ったらいいの?」と私に尋ねてきました。「友だちがきつい言い方してしまってごめんね、っていうのはどう?」と言うと、同じようにNさんに伝え「許してあげてね」と、自分の言葉もオリジナルで添えていました。

これには後日談があり、「Nさん怒ってるかな、ひどいこと言うてもうたからな、謝らなあかんわ」と、1週間くらいしてからBさんがポソッと言い出したのです。「それやったら、今度Nさんの授業のときに謝るか?」と言うと、「うん」と彼は頷きました。

Aさんも Bさんも自閉的傾向のある学生です。彼らは自分の気持ちをうまく言葉で表現できないだけであって、ほんとうは人との関わりを求めているのだな、と彼らとの付き合いで感じることがたくさんあります。支援者の価値観やモノサシで彼らを評価してしまうのはもった

とにかく自分でやってみる

いないと思うし、そんなことをしていたら彼らの良さは見えにくいだろうと思います。

このBさん、実は支援学校の高等部時代は担任の先生との関わりがほとんどであったようで、その名残か、今でも隣の席の学生への質問であっても、わざわざ職員に尋ねてきます。ですが、彼はどうやら同級生のことが大好きなのです。特に1年後に入ってきた男子学生3人組のことをよく観察しているし、給食を取りに行くのにも彼らの後を走ってついて行きます。以前、学生たちとフードコートで昼食をとったとき、彼はラーメンを食べていましたが、他の人がクレープを食べるのを見て「僕も食べようかな」と言って買いに行ったことがありました。

Bさんにとって、ここでのこうしたかかわりや経験は、支援学校時代にはなかったことだろうし、仕事をするとなれば、もう同年代の人たちと一緒にいろいろな経験を重ねることもそれほどないかもしれません。そして、今ここでの経験は、社会に出るときに直接には役に立つことではないかもしれません。しかし、同世代の人たちとの関わりが今の彼の生活のワクワク度に貢献していることはまちがいないと感じるのです。

(3)俺、ホンマはけっこう優しいねん

卒業した1期生に、Cさんという支援学校から来たとても印象深い男子学生がいました。入学前の聞き取りでは、母親のバイクの後ろにまたがってやって来ました。一見小柄な体格とは打って変わって、職員を寄せ付けないような雰囲気を持っていました。でも、こちらが質問したことには丁寧に答えてくれました。まだ母親に頼っていたいような幼さと、それでいて尖った空気を

合わせ持っていました。入学してからも彼のアンバランスさは気になりました。興味を持ってどんどん答える時間もあれば、同級生の言動が気に入らないと急に表情が険しくなり、机を蹴飛ばして飛び出すこともしばしばで、その背中に「自分で出て行くんやから自分で帰っておいでや！　探しに行かへんでぇ」と、何回叫んだことでしょう。でも、彼はとても優しい一面を持っていて、人間味のある魅力的な学生でした。

自分たちで「かさこじぞう」を演出

ある日、新美南吉の「あめ玉」という作品を取り上げた授業がありました。

一艘の渡し船に侍と幼い姉妹とその母親が乗り合わせた。侍が居眠りをしているところにひとつしかない「あめ玉」をめぐって姉妹が「私にちょうだい！」と騒ぎ出した。母親は居眠りをしている侍を怒らせてはいけないと、姉妹たちをなだめようとした。そのとき居眠りをしていた侍が目を開き、母子達の前でスラリと鞘から刀を抜いた。

そして、ここから先のラストシーンはどうなったかを考えてみよう、という授業です。

ひとりの学生が「切られて死んだ！」と言いました。別のひとりがキャーっと言い、また別の学生は「かわいそう」と呟きました。Cさんは目を瞑ってジッと考えているようでした。そしてしばらくしてから、「違うな。そんな残酷なことするはずない。刀でふたつに分けてあげたんや」と言いました。答えはその通りでした。それは物語を予測したものであったのですが、私はCさん自身の本来の優しさに触れた気がして、温かい気持ちになりました。そんなCさんが卒業前の個人懇談でこんなことを言いました。

Cさん：リーブはな、恩知さんや中井さんがいて困ったら助けてくれるし、俺の事わかってくれてるやろ。でも新しいところに行ってイライラして、また暴れてしまったらどうしよう。

中井：今、ちゃんと不安に思うこと言えてるやん。大丈夫やん。新しいところでもイライラしそうやから助けてって言えばいいんやで。大丈夫やって。

Cさん：そうか、そうやな。

彼の表情が緩みました。

現在、彼は地元の事業所で働いています。彼曰く「今のところ、イライラせんと働いている」とのことです。入学当初は「子どもが嫌い」と言っていた彼ですが、自分が通っていた放課後等デイサービスに週3日ほどボランティアで参加しているそうです。

4 常にオープンな授業、だれもが主人公の取り組み

リーブキャンパスひびきでの他の授業の様子も紹介しておきたいと思います。授業の中心は現在、7名の退職教員の方が月1～4回ほど受け持ってくださっています。その他にも調理実

習や地元紹介、音楽や体育、それとスタッフの恩地や中井がそのときどきに必要なことを取り上げて授業を行っています。

⑴仮設実験の授業

先述しましたが、そのうちのひとつが「仮説実験」という授業です。この授業では、質問と三つの答えが用意されていて、先に予測を立てます。そして、なぜ自分がその答えを選んだか、ということを発表します。「わからないけどただ何となくそんな気がする」とか「答えたくない」というのもOKです。答えがまちがっていてもかまわない、自分の思っていることを言葉で表し、他者の意見も受け入れる、真実（答え）はひとつなのだけれども、自分の意見を持つことや人の意見に耳を傾けることも大切にしている。そして、最後に実験を通して事実を確認するのです。

「仮説実験」の授業は、リーブキャンパスひびきを含む学びの場の「答えを強要されない、自由な発想でいい」というスタイルにも共通すると感じます。授業者であるNさんが「本来的に授業というものは〝喉の乾いていない馬を無理やり水場に連れていく〟といったようなことであってはいけない」と授業通信に書かれていました。常にオープンで常に受け入れの姿勢である授業であるからこその良さがそこにはあるのです。

授業が楽しい！

(2) 私の地元紹介——誰もがかけがえのない存在

「私の地元紹介」は、一人ひとりが自分の住んでいる地元にみんなを連れて行き、どんなところかを紹介するというものです。リーブキャンパスひびきを立ち上げるときに、見学させていただいた「学びの場」の授業を参考にスタートしたものです。

紹介を担当する学生は、「紹介先」までの行き方などを先に調べておかなければならないし、どういうコースを辿るのかも考えなければなりません。「私の地元」なのですから。しかし、当日はみんなが主人公で、ドキドキしながらもどこか誇らしげです。行きつけの理容院や喫茶店、子どもの頃によく通った駄菓子屋さん、母校である小中学校や放課後等デイサービスなどさまざまであり、彼らの歴史(若いですが)が垣間見られて魅力的です。そして一人ひとりがかけがえのない存在であることを再確認できる取り組みでもあります。

地元めぐりでのひとコマ

5 「学ぶ」ことを通じて広がる世界

リーブキャンパスひびきが開所した当初、「学ぶ」ということはどういうことなのかと考え、自分なりに出した答えがあります。それは学び、知ることによって世界が広がるということ、自分の価値観だけにとらわれず、他者を受け入れるということ。そして、話し合いで物事を進めていくということは自分とも他者とも向き合わなければならないということです。

しかし、とかく話し合いというものはエネルギーを使う、ということを実感させられました。みんなが同じ意見であればいいのですが、そうはいきません。意見が分かれると、それにどう折り合いを付ければいいのかわからないのです。最初の頃の話し合いは険悪ムードとなり、最終的には誰かが自分の意見を諦めるというかたちを取りました。しかし、何度か進めていくと、アイデアを出す人が生まれてきます。例えば、調理実習でのメニューを決めるときには、多数決をとって最初に作るメニューを決め、落選した意見も書き留めておいて、順番に作っていくというアイデアが生まれました。話し合いを重ねるごとに、行事を乗り越えるごとに、仲間意識が面白いほど深まっていきました。そうすると、自分の意見が通らなくても、怒ってどこかに閉じこもったり、飛び出したりする人もいなくなりました。

毎週末、半年ごと、行事ごとなど、ことあるごとに写真なども活用して振り返りの時間を保障してきました。毎週末に行っている振り返りでは、その週にどんなことをしたかを先にみんなで確認し、自分がよかったと思えた授業やその感想をシートに書き込み発表してもらいます。そして、他の人の良かったところを出し合う（悪いところは言わない）のです。けっこうみんな自分の話を聞いてもらうことや他の人が自分のいいところを再確認してくれることにそれなりの心地よさを感じて、いいムードで1週間が終わります。

6 人の価値は生産性だけでは測れない

「ここの職員はアカンて言わへんねん。でも自分で考えっていうねんな」と言っていたDさん。そのDさんのお母さんから「なんで他人の子のためにそんなに一生懸命になれるの?」と言われたことがあります。でもそれは、その人のためではなくて、人間が人間と向き合うとき、少なくともいい加減なエネルギーでは向き合いきれないということなのかも知れません。逆に「～さんのために」と考えて他者と向き合う人は少ないのではないでしょうか。そして、結局他者と真剣に向き合うことは、自分にも返ってくるのだと思います。

さまざまな人と時間を共有し、共感することが人生を豊かにしているのだと感じます。例えばここでのようなことを生産性に結びつけたとしたら、おそらく1円にもなりはしないでしょう。でも、この1円にもなりはしないことこそが、個々の人間性を作り上げている土台になっているのだと思います。それはここにやって来る学生たちも同じことが言えるのではないでしょうか。

私はリーブキャンパスひびきの1年目に、人生で最大の辛い出来事に遭遇しました。それから1年ほどは、毎日3時間ほどの眠りから目が覚めると心臓を握りつぶされるのかというくらいの動悸がする毎日でした。その出来事が起きてから1週間ほど休んだのち、仕事に復帰しましたが、誰の顔も見たくはなかったし、声を掛けられることさえも苦痛でした。そんなとき、Dさんが帰り際にそっと私の肩に手を置き、小さな小さな声で「また前の元気な中井さんに戻ってほしい」と呟きました。今まで我慢していた涙が溢れ出しました。このときは「ありがとう。ごめんやで」と答えるのがやっとでしたが、でもいつかきっと元気を取り戻し、笑顔で学生たちと向き合える日を迎えたい、と心に強く感じ、この「生産性」のないものにどれほどのパワーと計り知れない価値があることかと実感しました。いままで自分がこの仕事に携わって来たことを、これほどまでに誇りに思えたことはありません。

学びの場は成果を求める場になってはいけないと思います。学びは誰にでも平等に与えられた権利であり、その価値はそれぞれであるべきです。そして少し今の環境に疲れた卒業生がいたなら、ちょっと息抜きに来て、気軽に相談できる場でありたいと思うのです。彼らが「私、リーブキャンパスひびきの卒業生やねん」と誇らしげに思ってくれたら、どんなにうれしいことでしょう。

第29回ヒューマンウェーブで訴える
リーブキャンパスひびきの学生・家族たち

この報告は、「リーブキャンパスひびき」の実践報告であると同時に、中井さんという一人のソーシャルワークに真摯に向き合う実践者の思いが丁寧に綴られています。

Eくんのお母さんのエピソードを聞いた際、「私（親）はな、○○に子どもが行けばいいなって思ってんねん。でもな、それを決めるのは私じゃないねん。子ども本人やねん」と本当に思い、実践できている親御さん、あるいは、進路指導に関わる学校の先生がどれだけいるのだろうかということを率直に感じました。

大学という場で働いていても、時折、「この大学に入学したことは自分の意思ではなかった」「教職課程に登録したのは親がそうしろと言ったから」という学生の声に出会うことは決して少なくありません。「そら、それは本人が選ぶべきやな」というごくごく基本的な人権意識のありようを改めて確認させられた思いです。

もう一つ、中井さんの報告で印象的だったのは、「人の価値は生産性だけでは測れない」の部分です。現代社会は、何かと言えば「生産性」で価値判断をしがちです。与党の議員が「生産性」の有無で人間の価値を決めつける発言をしたことも記憶に新しいところです。「この『生産性』のないものにどれほどのパワーと計り知れない価値があることか」という言葉は、私たちの社会に対する痛烈な批判が、障害のある青年の事実から発せられていると言えます。まさに、「この子らを世の光に」の具現化と言ってもよいのではないでしょうか。

「なんで他人の子のためにそんなに一生懸命になれるの？」という言葉に対し、中井さんは「人のためではなくて、人間が人間と向き合うとき、少なくともいい加減なエネルギーでは向き合いきれないということ」と返します。こんなステキな支援者たちと一緒に、「生産性のない時間」を過ごすことは、長い人生のなかで必要な期間なのではないでしょうか。そして、そういった期間こそが、本当の「青年期」なのではないでしょうか。

（伊藤修毅）

4 学びの場を通った青年たち
――卒業生に関する調査を通して

岩谷　亮

1 学びの場卒業生への調査

(1)調査を実施する背景・問題意識・目的

近年、大阪府下で学びの場と呼ばれる事業所は増えています。卒後の学びの場・専攻科を実現する会では、大阪府下の学びの場事業所に集まっていただいて、2018・2019年度に「〃福祉型専攻科〃事業合同説明会」を開催しました。そこには、たくさんの保護者や関係者の参加があり、卒後の学びの場への関心と期待が高まっています。大阪府も学びの場公表制度を開始するなど、広く情報を発信する機会も増えつつあります。しかし、まだまだ「学びの場とは何なのか?」「学びの場に通うとどんな力がつくのか?」「学ぶよりもすぐに働いたほうが良いのでは?」といった声もたくさんあり、支援学校高等部卒業後の進路の位置づけとしてはまだまだ理解されていないのも現状です。

私たちは「子どもから大人へ」「学校から社会へ」と移り変わっていく『移行期』に学びの場を保障することで、その先の人生をより豊かに過ごしていけるのではないかと考えています。

また、私たちの経験では、実際に学びの場に通う青年たちはいろんな経験を積み、育ち、きらきら輝いているように見えます。私たちが感じていることの根拠、学びの場を利用する意義を明らかにするため、社会へと発信していく力、そして進路の一つとして位置付けていく力としていくために、本調査を実施する運びとなりました。

⑵調査概要

学びの場を利用する意義を示すためには、学びの場を実際に利用し卒業した青年と、支援学校を卒業してすぐ作業所利用（もしくは一般就労）している方との比較が必要だと考えました。本調査では、青年期支援プロジェクトチームに参加しているぽぽろスクエア、シュレオーテの卒業生を協力依頼の範囲とし、呼びかけました。卒業生本人に調査の趣旨を説明し、了承していただいた方を対象に調査を実施しました。ただ、学びの場はまだまだ歴史が浅く、両事業所合わせても卒業生数は多くはありません。そのなかから、さらに趣旨を了承された方のみへの調査のため、サンプル数は多くありません。また、両事業所は別内容による調査となりました。

以下、二つの事業所ごとに、調査概要・結果・考察を述べていきます。

2 ぽぽろスクエア卒業生調査

(1)調査概要(対象・倫理的配慮・実施期間・調査方法・分析方法)

①対象・倫理的配慮

進路先の事業所を1年以上利用している5期生までを呼びかけの範囲とし、そのうち支援学校を出てすぐぽぽろスクエアを利用した卒業生35名へ呼びかけました。本人へ書面（必要に応じて電話も）で調査協力の依頼をし、個人情報保護の観点から、個人情報の取り扱い方、本人が特定される表記はしないことを説明した上で、本人・保護者の了承を得られた方のみに調査を実施しました。

②調査期間

２０１９年７～８月。

③調査方法

質問紙によるアンケート調査を、卒業生が現在通う事業所へ実施しました。質問項目は6項目（調査結果参照）で、支援学校を卒業してすぐ作業所利用されている方との比較の上、5件法（よくできている・できている・同じくらい・どちらかといえばできていない・できていない）および記述での回答をしていただきました。最後に自由記述欄も設け、質問項目に回答しづらい場合には、自由記述のみの回答をしていただきま

表1　得点表

5点	よくできている
4点	できている
3点	同じくらい
2点	どちらかといえばできていない
1点	できていない

した。

④分析方法

５件法の回答に**表１**のように得点をつけ（複数事業所から回答のあるケースは平均点としました）、質問項目と属性をクロス集計しました。また、各質問項目の得点の高かった回答の自由記述をピックアップし、分析しました。

⑵調査対象の属性

呼びかけたうちの半数以上である19の回答（17ケース）を得られました。これは大変意義のあることだと思います。回答数とケース数が異なるのは、複数の事業所を利用している卒業生が２名いるためです。属性は以下の通りです。

所持している手帳は、療育手帳17名、身体障害者手帳１名でした（**表２**）。療育手帳の等級（**26頁参照**）は、Aが４名、B１が12名、B２が１名でした（**表３**）。身体障害者手帳所持者の等級は２級（療育手帳と両方所持）。障害支援区分は、区分２が１名、区分３が９名、区分４が６名、区分５が１名で、区分１と区分６はいませんでした（**表４**）。最終学歴は、特別支援学校高等部10名、高等専修学校５名、高等支援学校１名、高等専修学校専攻科中退１名でした（**表５**）。

表２　所持手帳

療育手帳	17
身障手帳	1
精神手帳	0

表３　療育手帳

A	4
B１	12
B２	1

表4　障害支援区分

区分1	0
区分2	1
区分3	9
区分4	6
区分5	1
区分6	0

表５　最終学歴

支援学校高等部	10
高等専修学校	5
高等支援学校	1
高等専修学校 専攻科中退	1

⑶調査結果

質問項目ごとの平均値、トータルの平均値は図１の通りです。

質問①困った時に自分から相談（ＳＯＳが出せる）ができているか？
質問②働く意欲や目的を持って仕事に取り組んでいるか？
質問③人と関わり（コミュニケーション）を持てているか？
質問④自分の意見・気持ちを表出・表現できているか？
質問⑤折り合いをつけたり、
　自分で気持ちを立て直すことができているか？
質問⑥自分で選んだり、決めたりできているか？

質問項目すべてを通しての得点の平均値は３・46でした。個人得点の平均値では、中央値３以上の得点のケースがほとんどで、中央値より低かったのは３ケース（No.３：平均値２・00、No.11：平均値１・67、No.17：平均値２・00）だけでした。特に得点の高いケースは４ケース（No.４：平均値４・33、No.６：平均値４・50、No.13：平均値４・20、No.16：平均値４・33）ありました。なお、各質問項目における、得点の高かった回答の自由記述は、以下の通りです。

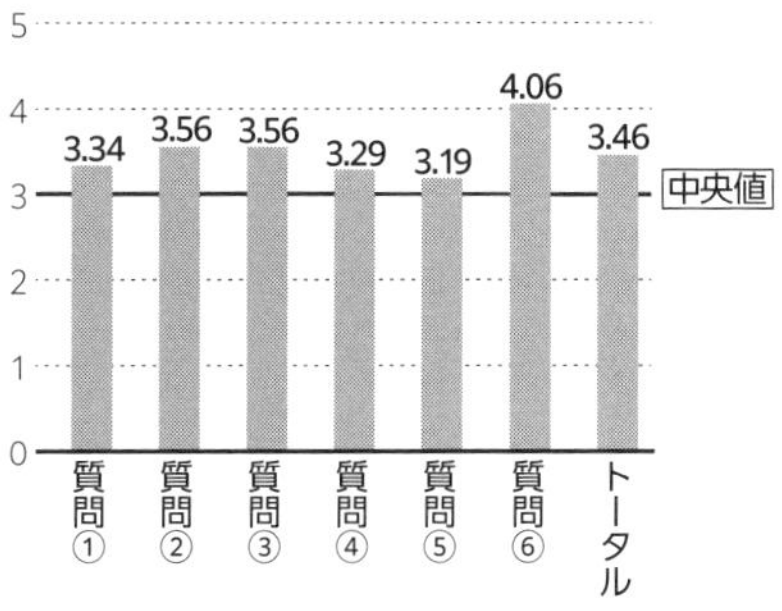

図１　質問項目別平均値・トータル平均値

質問①「困った時に自分から相談(ＳＯＳが出せる)ができているか？」平均値3.34

「2・3語文で援助要請ができています」「一人暮らしやパソコンなど、興味の強い事は相談している」「困ったら『助けてや』と言ってこられます」「プログラムに気乗りしない時に、どうしたらよいか相談したり、キャンプの山登りの際に体調が優れず、どうしたらよいかと相談があり、イベント広場に残り、音響のセッティングの手伝いをしながら他のメンバーを待つことができていました」「わからないことがあった時は、自ら伝えに来てくれます」

質問②「働く意欲や目的を持って仕事に取り組んでいるか？」平均値3.56

「仕事を頑張るという意欲もある上に、ほめられることに意欲向上がみられます」「自分のやりたい事、なりたい自分像を明確に持っていて、『働きたい！』という気持ちは強く持っていた」「新しい事も多く、また、一人暮らしをしたいという本人の思いもあって意欲的に取り組んでいる」「工賃を増やしたい気持ちが強く、良いモチベーションを保つことができている」

質問③「人と関わり（コミュニケーション）を持てているか？」平均値3.56

「気の合わない友達もいますが、他の人とのコミュニケーションは自ら取れる様になりました」「馴染みのある人と共通の話題で盛り上がったり、見学で初めて来た人に興味を持ち、どこから来たのかを聞いたり優しく声をかけたりして、積極的にコミュニケーションを取っています」「周囲の利用者や職員、近所の人、来訪者、通りすがりの人にもあいさつをしたり、よく話しかけています」

質問④「自分の意見・気持ちを表出・表現できているか？」平均値3.29

「YES、NOははっきり表出できている」「自己表現はすごく良くできていました。思いがあふれ出てくるように話していました」「作業の選択や全体での話し合いの中でも、積極的に自分の思いを話しています」

質問⑤「折り合いをつけたり、自分で気持ちを立て直すことができているか？」平均値3・19

「自分の思いとは違う作業の日課や急な作業変更があった際に戸惑いを見せ、固くなっている姿がありますが、丁寧に変更の理由を話すと、理解して、受け入れられている」「自分で客観的に自分の気持ちを捉え、おさめることができています。また、他のメンバーとのやりとりで、例えばRさんは『トランプをしたい』と主張し、他のメンバーが『かるたをしたい』と言うと、『まあいいか』と相手に譲ることができています」「気持ちを切り替える方法の一つとして、注意されると本人のフレーズで気持ちを落ち着かせようとします。本人なりの立て直し方があるようです」「解決するための話し合いの場をもつことで（折り合いをつけている）」

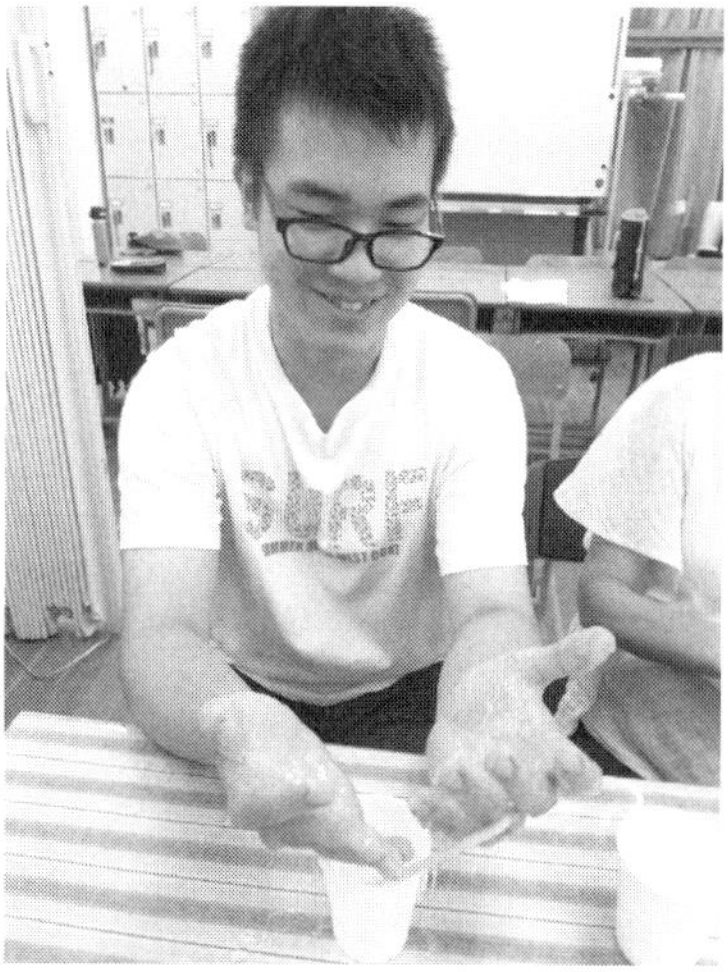

科学でスライムづくり（ぽぽろスクエア）

質問⑥「自分で選んだり、決めたりできているか？」平均値4・06

「選択の場面では、すぐに自分の気持ちを出している」「自分は『こうする』としっかり選ばれています。選択する時ではない時にも（自分の思いを）主張されています」「入所当初より、自分の気持ちを伝えることはできる。ここ最近はもっと稼ぎたい気持ちから『就職したい』という言動も見られた」「しっかり決めていると思います」「クッキングの時に次回は『○○を作りたい』と言っています」

⑷分析・考察

属性と評価の関連をクロス集計しましたが（サンプル数が少なく、正確な分析はできていませんが）、有意な特徴は見られませんでした。しかし、以下のような傾向があると分析・考察しました。すべての項目の平均値が3・46と、中央値3以上であることから、「支援学校を卒業してすぐ作業所利用されている方」との比較で、総じてより良好な状況にあることがわかりました。また、質問項目別に見ても、平均値が3を下回る項目はなく（最も評価の低い質問⑤でも平均3・19）、6項目の質問すべてについて良好と言えます。

全体的に良好な様子のなかでも、〈質問⑥自分で選んだり、決めたりできている〉は平均値4・06と、とても評価の高いものでした。自由記述からもその様子が読み取れ、学びの場を利用することで、自己選択・自己決定の力が育っているのだと思います。それは、自分で「決めたい！」という思いの育ちでもあると考えられます。

次いで〈質問②働く意欲や目的をもって仕事に取り組んでいる〉と〈質問③人と関わり（コミュニケーション）を持てている〉が平均値3・56と、やや評価が高めでした。先の質問⑥と同様に、自分から何かをしたい、という意欲の育ちがうかがえます。また、質問③の自由記述からは、他者へ興味や関心を持ち、自ら関わっていこうという、主体的・能動的な様子もうかがえます。

そうした意欲や主体性の源として、自由記述にもあるように、自分がどうしたいのか、どうなりたいのか、目標や将来像を思い描く力が育っているのではないかと考えられます。〈質問⑤折り合いをつけたり、自分で気持ちを立て直すことができているか〉は質問6項目のなかでは低い評価でしたが、記述からは、自身の力だけでは難しいが助けや支援があれば折り合いをつけたり、気持ちを立て直せていることがわかりました。また、助けてもらうのを待つのではなく、質問①の記述にあるように、自ら発信して助けを求められる力の育ちもうかがえました。

個人の平均値が高かった4ケースについてみると、療育手帳の等級はほぼ同じでしたが、障害支援区分、最終学歴はさまざまでした。このことから、属性によって評価が決まるわけではないことがわかりました。つまり、どのような成育歴、状況、支援の必要性があっても、学びの場を利用することで力がついていく可能性があるということです。しかし、一方で評価の低いケースもあったことから、全員に必ず力がつくかといえば、一概にそうとは言えない実態もあるようです。このことは、自立訓練事業（2年という年限）の限界といったこととも関連しているのではないでしょうか。

総じて、人との繋がりを持ちながら自分らしい生活を考え作っていこうとする、まさに『自分の人生の主人公』になっていくための力、生きていく力をつけていける場所に、ぽぽろスクエアがなっているのではないかと考えられます。

3 シュレオーテ卒業生調査

(1) 調査概要(対象・調査方法)

本調査では、支援学校を卒業してすぐに学びの場へ来た方を対象としましたが、作業所に1年間通われた後にシュレオーテへ通われた方も1名含んでいます。

卒業生が現在通う事業所に対して、質問紙によるアンケート調査を実施しました。質問項目は、「問1：シュレオーテ卒業生（22歳前後）と支援学校高等部卒業生（18歳）では、違いがあるでしょうか？（働く意欲、人間関係、コミュニケーション、主体性など）」「問2：その他、シュレオーテ卒業生の特徴的なことがあれば教えてください」の2項目とし、自由記述での回答としました。ぽぽろスクエアとは別内容の質問項目でしたが、調査結果はぽぽろスクエア調査の質問項目を元に、回答の振り分けを行いました。

(2) 調査結果と属性

全部で13回答（13ケース）を得られました。属性は以下の通りです。

所持している手帳は、療育手帳13名（表6）。療育手帳の等級は全てAでした（表7）。障害支援区分は、区分3

表6　所持手帳

療育手帳	13
身障手帳	0
精神手帳	0

表7　療育手帳

A	13
B1	0
B2	0

表8　障害支援区分

区分1	0
区分2	0
区分3	1
区分4	4
区分5	6
区分6	2

表9　最終学歴

支援学校高等部	13
高等専修学校	0
高等支援学校	0

が1名、区分4が4名、区分5が6名、区分6が2名で、区分1、2はいませんでした（表8）。最終学歴は、全て特別支援学校高等部でした（表9）。また、本調査の対象者になったのはシュレオーテが完全4年制になる前の青年であり、利用期間は2～4年と幅がありました。

以下は、ぽぽろスクエア調査の質問項目に照らし合わせて振り分けた記述内容です。

質問①困った時に自分から相談（SOSが出せる）ができているか？

「『ちゃんと切れているかを見てほしい』と言っていた」「わからないことや聞きたいことは言葉にして聞くことができている」「自分の気持ちがわからない時は『わかりません』と伝えることもできている」「『難しい』と言えることも強み」「『難しい』と言えるようになっていた」

質問②働く意欲や目的を持って仕事に取り組んでいるか？

「シュレオーテを経験したことによって働くことに意欲を持っているなと感じる」「仕事をしようという気持ちはしっかりと持っている」「給料についてもお金を貯めて『嵐のグッズを買いたい』等、話をしていた」「自主製品づくりでも『二つのボタンをつけるとかわいいのでは』と提案もしていた」「『ここで働くんだ』という意識を初めからしっかりと持てていたように感じました」「『仕事をするために今の作業所にきた』という意識を持っていたように感じました」「同じ年齢の障害が軽度な方と同じことをしようとチャレンジする姿が良く見られ、またそれを獲得していくことができるので、ワンランク上の作業や取組に参加できる事が良くある」「働く意欲・主体性において違いがある」「『自分たちの仕事』という意識が高く『きっちりせなあかん』と一緒に仕事するメンバーに伝えることもある」

質問③人と関わり(コミュニケーション)を持てているか?

「楽しかった思いを職員に伝えたい、共有したいという思いが伝わってくる」「同じグループの利用者に『みんなでする』と誘う場面が見られる」

質問④自分の意見・気持ちを表出・表現できているか?

「NOの意思表示ができる」「『休みの日は家でゆっくりする』と自分の意見をしっかりと言っている姿がとても印象に残っている」「話し合った時、率先して『バーベキュー』や『焼きそば』といった意見をあげていました」「シュレの卒業生は仕事に少し慣れると、紙にしたい仕事や今後どうしていくかなどを書いて進めて行くなど積極性が見られる」「自分のしたい事や意思表示をはっきりさせることができている」「自分の思いを言葉にして伝えることができていると感じる」「自分の気持ちがわからない時は『わかりません』と伝えることもできている」「断ることができる」

質問⑤折り合いをつけたり、自分で気持ちを立て直すことができているか?

「柔軟性、切り替える力が育まれていると感じます」「例えば本人が納得できないことがあったとして、職員の問いかけに対し、理解し納得し切り替えることができることがあった」「上手くトイレにこもっているなと思う時がある。注意しなければならないほどの長時間ではないが気分転換している様子」「対人関係で問題が生じると、起こった現象はもちろん、どうしていきたいかなども自分なりのアプローチ方法（書くや周りに話しながら整理するなど）で対応しようとする事が多い」「折り合いをつける力と、見通しをもつ力が育まれていると思う」「依頼すれば変更が可能」

質問⑥自分で選んだり、決めたりできているか？

「まわりがアイスクリームに行く人が多かったが流されなかった」「生活の中でしっかりと自己選択ができているように感じた」「自分で決めて時間を使っているという印象あり。周りの人に流されずに自分というのが確固としてあるように感じる」「自分なりに対応していこう、進んで行こうという思いが行動にすごく出ているように思います」「自分で選んで決めるということができている」

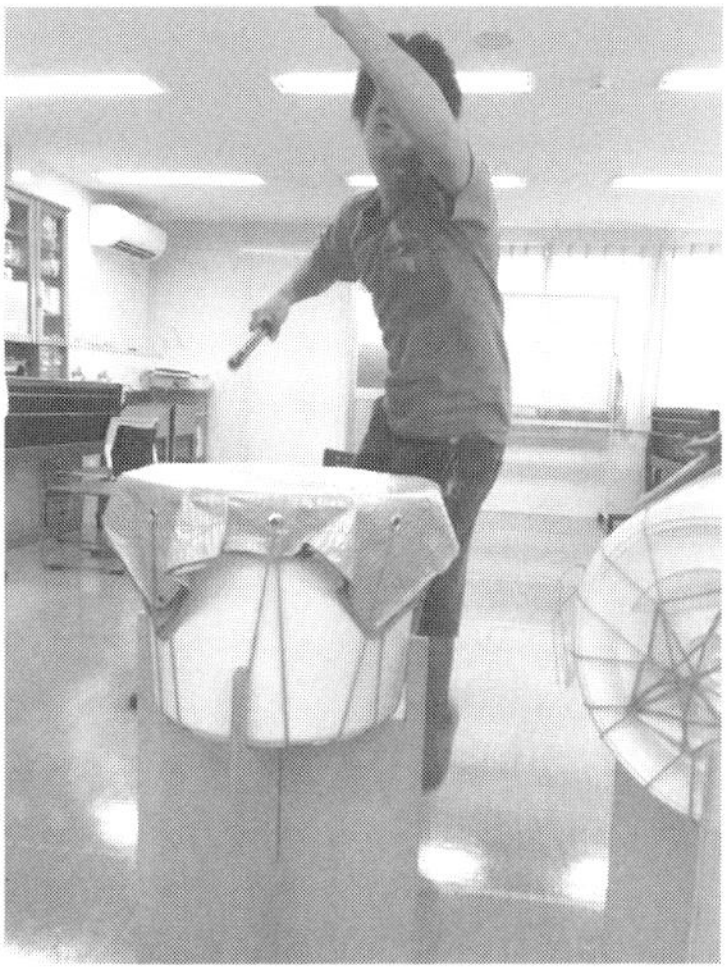

太鼓（シュレオーテ）

⑶分析・考察

〈質問②働く意欲や目的を持って仕事に取り組んでいるか?〉と〈質問④自分の意見・気持ちを表出・表現できているか?〉に当てはまる回答がほとんどのケースから出ていました。意欲や目的を持てていること、自分の思いを表現できる力が育っていることの表れだと思います。また、「断る」こともできていたことは、一方通行のやり取りではなく、相互の関係の中で、自分らしく振舞えているということだと思います。これは、大きな特徴だと言えます。

〈質問①困った時に自分から相談（SOSが出せる）ができているか？〉に当てはまる回答から、自分の困りごとを伝えられているだけではなく、自身の状況や状態を捉える力が備わっていることもうかがえました。SOSを出すためには、自分が困っている状態だということがわかる必要があります。それができるということは、自分を見つめる力の育ちがあるのではないでしょうか。〈質問⑥自分で選んだり、決めたりできているか？〉に当てはまる回答からは、自ら率先して選び、行動していこうという様子もうかがえました。受け身ではなく、主体的に考え・行動していこうという姿勢は、自分の考えや行動を決める軸を持てているということだと考えます。

ただ、卒業生が現在所属している事業所は、ほとんどがシュレオーテと同法人です。そのため、シュレオーテの意義や実践の把握ができ、引き継ぎも密に行われているため、評価にバイアスがかかっている可能性は否定できません。また、年限が４年ということで、どのような影響があるのかも考慮する必要はあります。しかし、総合的に評価が高く、さまざまな力の育ちはうかがえました。

4 学びの場を利用する・しないことによる「違い」と、学びの場を利用することの意義

本調査を通して、学びの場を利用することで、自己選択・自己決定の力を筆頭に、働く意欲やコミュニケーション能力などの力が育っていくことが見えてきました。一方で、学びの場を利

用したからといって、必ず力が身につくかといえばそうではない実態もあり、利用する・しないことによる「違い」を明確に示すことには課題が残りました。しかし、本調査で見えてきた学びの場で育つ・育ちやすい力は、生きていく上で大切なものばかりであることはまちがいありません。

これらの力は作業所で働きながら獲得していくことも可能でしょう。それでもなぜ私たちが「学びの場」に意義を感じるのかというと、働く大人になる前に、ゆっくりと自分のペースで幅広く、より深く経験を積む機会に溢れているからです。そして同年代の仲間（友だち）集団という特徴もあります。そのなかだからこそ、悩んだり葛藤することもたくさんあります。このような経験をできる時間が本人の育ちにとても大切であり、本調査の結果もこれらの影響があってのものだと考えます。

本調査に協力していただいた卒業生の属性はさまざまでした。それでも育っている力に共通点がありました。どんな障害があっても、障害の程度や成育歴も関係なく、本人の思いが育っていくということが本調査で明らかになりました。思いが育つということは、その人らしく、つまり『自分の人生の主人公』として生きていく土台が育つということです。小手先の技術・技能ではなく、自分らしい人生を切り拓く力が学びの場で育まれるのです。

青年期に同年代の集団のなかで、さまざまな経験を積みながら人生の主人公になる土台を築き、その先の可能性を広げることにつながるとすれば、学びの場を利用する意義の大きさはわかっていただけるのではないでしょうか。私たちに彼らがきらきら輝いて見えていたのは、その姿が人生の主人公になろうという意欲に満ち溢れていたからだと思います。

5 当事者・家族・関係者で作る学びの場
——立ち上げるぞ! カラフルキャンパス

宮内義人

はじめに

支援学校卒業後に、一般就労・福祉就労などを含めた「働く」という選択肢が、いま、非常に強調されています。しかし、多くの当事者家族の思いのなかには、「働く」という選択肢だけでなく、「やりたいけど、できないこともいっぱいあるし」「困ったことがいっぱいあるんだけど」「もう少し時間をかけて大人になっていきたい」「ぼくたちはもっと学びたいんだ」……そんな願いが、各地域でふつふつと生まれています。大阪府の北河内地域でも、そんな当事者の声、家族の思いが、芽吹いていました。

SAKURAの会

大東市は大阪府の北河内地域にあります。大東市在住で支援学校に通うこどもをもつご家族が、支援学校卒業後すぐに就労したり、通所施設へ行くのではなく、「学ぶ場が欲しい」と考えておられました。「最近、大阪をはじめ全国でできている卒業後の学びの場というのがあるらしい、大東にもあったらな」という願いを実現するために何ができるのかを、親たち自身が学び、行動していくため立ち上がったのが、SAKURAの会です。

SAKURAの会は、卒後の学びの場・専攻科を実現する会や、学びの場づくりを応援したいという近隣の支援学校や療育施設の有志の先生方、学生ボランティアグループの協力を得ながら、日曜日などに楽しい取り組みを積み重ねてきました。その取り組みを中心に、支援学校卒業後の学びの場づくりに興味を抱いたり、協力してくださる方の輪を少しずつ広げ、それをしっかり積み重ね、要求を広げていきました。

大阪で先行して学びの場をつくってこられた「ぽぽろスクエア」や、岸和田で生活介護事業を活用して事業を始めておられた「シュレオーテ」や、近隣の東大阪市でSAKURAの会と同じように家族の願いと事業者が結びつき開設に至った「リーブキャンパスひびき」などの実践や家族の活動に励まされ、導かれながら、取り組みを重ねていました。

そんな活動が始まり、こどもたちが高等部に進学した2017年のSAKURAの会では具体的に事業を進めてくれる法人探しがはじまったのです。

協力してくれる法人探し

当事者家族の多くが大東市にお住まいのため、当初は大東市近辺を中心に事業運営をしてくださる法人を探していました。しかしながら、すぐに見つかることもなく、北河内の範囲にエリアを広げて法人・事業所を探すこととなりました。

そんななか、2017年4月、南海香里のさとに卒後の学びの場・専攻科を実現する会の卜部さんが、「北河内に学びの場を作りたいと願う家族が作るSAKURAの会があり、一緒に事業を進めてくれる法人を探している。ついては大阪福祉事業財団において検討をいただきたい。とりわけ北河内で事業運営を行っている南海香里のさとで、一度お話をさせていただきたい」とSAKURAの会の家族と訪問されました。その結果、ニーズがあることを理解し、検討を始めていく旨の話をさせていただきました。

事業者として新しい取り組みへの不安

大阪福祉事業財団は、大阪府下の複数の市において赤ちゃんからお年寄りまで、さまざまな福祉事業に取り組んでいます。障害児入所施設の運営も、2か所で行っています。それらの施設においては、こどもたちの支援学校卒業後の進路をどうしていくべきなのか。こどもたちの願いに沿うことができていないのではないか、という実感もありました。具体的には、支援学校卒業後、一般就労などにつくことができても、さまざまな要因からすぐにリタイアしてしまう状況に心を痛めることも少なからずあったからです。

職業指導の学習は支援学校で積極的に取り組まれていますが、支援学校高等部、15歳から18歳の多感な時期にさまざまな経験を積み重ね、失敗する経験を重ねていくことがとても大切な時期だと感じていました。福祉型専攻科・学びの場は、事業運営という観点からは大阪福祉事業財団がこれまで取り組んできた事業とは違うため、いったいどうなっていくのか、また、概要としてのニーズはわかるが実際の利用ニーズはあるのかなど、不安に感じることが多くありました。そこで、まずはお話を伺うが、他に積極的に参入を考える法人があれば、そちらで行っていただくほうが良いのではとも感じていました。

福祉型専攻科を積極的に取り組まれている法人や事業所のお話を伺ったり見学をさせていただくなかで、それが必要不可欠なものであり、今後積極的に展開されるべき事業だと感じました。しかしながら、これまで生活介護事業などで支援学校卒業後の利用者と支援実践を日々積み重ねてきた施設や事業所の職員には、これまでの支援といったい何が違うのか、ピンとこないという声もたくさんありました。そこで、家族や関係者の考えや思いをつかんでいくことが大切だと感じました。まずはＳＡＫＵＲＡの会の世話人会に参加させていただき、現状や願いなどについてお話を伺うようにしました。ゆるやかではあるものの、少しずつ家族の願いや思いが伝わってきました。しかし、私自身、法人として新規事業への参入が受け入れられるのか、大きな不安を感じてもいたのです。
大阪福祉事業財団には綱領があります。改訂を重ねた現在の綱領は、以下の通りです。

前文【法人の基本的性格】
大阪福祉事業財団の全ての施設と事業は国民の人権と幸せを守るためにあります。私たちは、常に利用者・国民の立場に立ち、日本国憲法に明記された生存権・基本的人権を発展させる事業と運動をすすめます。
【利用者援助と地域福祉】
1　わたしたちは、利用者・国民の願いを受けとめ、人としての尊厳を守り利用者がより主体的に生きるための豊かな援助実践と、地域の福祉向上に努めます。
【施設運営と職員の役割】
2　わたしたちは、自主的・民主的な施設運営をおしすすめるとともに、自らの生活と諸権利を守り、地域や社会福祉で働く人びとの連携と協力を深めます。
【実践・運動・研究の統一】
3　わたしたちは、社会保障・社会福祉を権利として築いてきた歴史に学び、科学的な視点をもって、職員としての資質と力量の向上に努め、国民のいのちと暮らしを守る立場で実践や運動を統一して進めます。
【制度と運動の基本】
4　わたしたちは、利用者・国民本位の社会保障・社会福祉制度と、その実施についての公的責任の確立をめざし、地域の人びとや関係者とともに福祉を守り充実させる運動をすすめます。
【平和と国際連帯】
5　わたしたちは、一切の戦争政策に反対します。戦争も核兵器もない、飢餓も貧困もない社会の実現に向けて、世界の人びとと手をたずさえていきます。
後文【国民連帯と社会進歩】
わたしたちは、これらの目標の実現と社会進歩

のため、知恵と力をひとつに、広範な人びとと連帯し、日本国憲法が暮らしに生かされる社会の実現をめざします。

この綱領を掲げる法人として、福祉型専攻科づくりの依頼をどう考えるべきか議論をすすめました。綱領の多くの部分には、地域や国民との連携、連帯がうたわれています。要求・願いをもって大阪福祉事業財団に依頼があることに関しては積極的に受け入れなければならないと考えてきました。

ただ、現在の社会福祉法人をめぐる状況は大変厳しい実態にあります。社会福祉法人による社会貢献が強く打ち出されていますが、地域ニーズに即した真に必要な社会貢献をどう進めていくのか、私たちに強く求められているといえます。

この綱領を掲げる法人として、地域のニーズに基づく運動との連帯を求めるのであれば、必ず立ち向かわなければなりません。理念を理解し、実際の事業運営を円滑に行い、利用者を守り働くものを守り、そして事業運営を守るという観点から、準備を進めなければならないと決意を固めるとともに、一方で今後の展開に難しさを感じていました。

福祉型専攻科は福祉なのか教育なのか

福祉型専攻科づくりの運動は、さまざまな障害者運動から考えると短い歴史です。事業としての展開は福祉事業の制度利用を行っていますが、そもそものニーズは教育課題といえます。現在の支援学校の進路指導は、職業的指導が強く展開されており、障害のない高校生の進路立てとは大きく違う状況があります。現在の高校生の進路は、大学への進路選択が5割を超えるなど、卒後もさらに学ぶ選択が非常に高い状況です。障害のある生徒も支援学校高等部の3年間でさまざまな体験を通じて人間として深まる時期を過ごす必要があります。しかし、スキル獲得の時間を多くとらなければならないとしたら、豊かな人間としての発達保障が求められなくなるのではないでしょうか。

現在、支援学校における専攻科が認められているのは国立と私立の支援学校のみです。支援学校卒後に教育として学びの場の提供ができればよいと考えますが、現状では困難です。その対応として福祉事業を活用し対応していくのは、現時点において致し方ないのが実情です。ただ、支援学校の先生方の配置人数と福祉事業における配置数など、教育と福祉の違いは厳然としてあります。そのなかで、教育と福祉が混ざり合い、支援学校卒後の学びの場をつくっていくことは、新たな可能性を秘めた対応ではないかと感じています。

現場支援の実際は

福祉における卒後の学びの場、福祉型専攻科への理解は一部には広まっていますが、大きく広がっているとはいえない状況があります。私たち大阪福祉事業財団も同様の状況でした。利用者ニーズに即して、その実現に尽力していく運動の観点は法人綱領に述べられていますが、福祉をめぐる情勢もあいまって新たな運動展開を担うのに躊躇する傾向がありました。

「現状の現場は非常に苦しい。現状の利用者を見るだけでも精一杯。また高齢に差し掛かった利用者支援を行い、親亡き後の支援を考えグループホーム支援などをさらに展開していかねばならない時期に、新たな事業への参入は難しい」「これからの事業であり、安定的に事業展開できるかは不明だ。さまざまな多額の資金がかかる事業を抱えているなかで取り組むのは好ましくない」など、法人綱領を掲げながらも、実際のところ積極的に前に進める状況ではありませんでした。

また、学びの場の意義をいかにつかんでいくのか、非常に困難な課題がありました。法人内の通所施設には、生活介護事業で運営を行っている施設がほとんどです。どんなに障害が重くても地域で、自分らしく生きていくことを大切に支援を行ってきました。卒後の学びの場と自分たちがこれまで行ってきた支援実践と何がどう違うのかという声もあり、本当に必要なのかという声もありました。この問題においては、現状の係わってきた利用者が全てであり、これまで係わってきた時系列にもとづき、自分たちが経験した状況からの考察になっていたかもしれません。先にも述べましたが、今の障害を持つ青年たちが何を求め、自ら求めていることは何なのか。大人への移行期をいかに考えていくべきなのか。この観点をもって再度検討していくことが必要になってきました。

支援学校での場から福祉事業を活用しての学びの場への移行、学齢期から大人への移行期、ほんとうに丁寧に対応しなければいけない時期であり、そこに着目した支援実践が必要になってくるといえます。歴史のある事業所においては、利用される方々も高齢化し、老齢期へ移行期を迎える利用者もたくさんあります。どういう時期の移行期かは別として、これまでの暮らしとは違う新たな自分の姿を認識し進んでいく支援が必要になっていると感じています。

家族の思い

カラフルキャンパスを立ち上げるに至って、SAKURAの会の存在は大きく、そして励まされるものでした。中学部の時期から自分たちのこどもの将来を正面にすえて前に進むご家族は、学び、そして要求を掲げておられました。自ら望む暮らしを実現するためにはさまざまな体験の保障が必要です。ニーズを実現するために、前に進む姿勢が運動を作る原点であると感じます。自らのこどもたちはもちろんのこと、必要とするこどもたちのために卒後の学びの場をつくる動きがあったからこそ、私たち法人も取り組んでいくべきだと考えることができたと言えます。

カラフルキャンパスは、２０２０年４月に開所を迎えます。しかし、これは事業開始というはじまりに過ぎません。事業は開始したけれど、本人の願い、家族の願いをどう実現していくのか。支援を行うスタッフや運営する法人も不安を抱えての出発となります。経験のある法人ではありますが、今回行う自立訓練事業は法人の事業としては初めてのものであり、取り組みのなかで修正しながらすすめていかないといけないものだと思います。そのために、カラフルキャンパスのスタッフと利用者家族が、これからも手を取り合いながら学び、要求を実現するためにすすめることが必要になります。

２０２０年度４月開所に向けて、10名の利用内定者が出ました。10名のなかには、障害の重い方も比較的軽い方も存在します。しかし、それぞれが学び、これからの人生を豊かにおくるために、確かな支援を構築していかねばなりません。多くのボランティア、協力者をつくっていなければなりません。また、ＳＡＫＵＲＡの会が今後も協力団体として、多くの学ぶ場を必要とする青年のために、そのニーズを具体化し支援されていくことを私たちも望んでいます。

利用者を迎え、そして送りだしていくために

利用者を迎え入れていくために、まず支援学校にカラフルキャンパスの存在を認知していただく必要があります。利用される方が主に支援学校卒業後の方とした場合、進路のスケジュールを考え、事業の周知を遅くとも高等部に入った頃からすすめなければなりません。場所の確定、授業の中身や費用面など、さまざまな課題をできるだけ早いスパンで考えて、継続していく必要がありました。社会福祉法人は現在社会貢献を求められていますが、潤沢に資金があるわけではありません。事業が始まっても2か月間は収入がありません。人材の確保をはじめ、場所をつくるにも借りるにも資

金が必要です。事業収入が始まる前に多額の先行投資が必要になります。法人事業所とともに、事業を行っていくための資金準備の課題をしっかりと事前に話し、考えていく必要を強く感じています。

学びの場が何をめざしていくのか、総合的なビジョンは明確ですが、カラフルキャンパスとしての独自性なども打ち出して進めていく必要があります。北河内で初めてできる支援学校卒業後の学びの場として創造的な取り組みをつくっていかねばなりません。現在、カラフルキャンパスは教員や福祉関係者のボランティアを含めて事務局を構成しています。この事務局を中心にして日課、カリキュラムを作成しています。

カラフルの基本理念を次のように定めました。

〈せいしゅんしよう　しあわせをみつけにいこう〉

- 「カラフル」のなかまの中で自分をさらけ出し、なかまとぶつかり合い、なかまと認め合いかけがえのない友達をつくろう
- 「カラフル」でやりたいことを自分で決めてチャレンジし、心を太らせよう
- 「カラフル」でのたくさんの経験からしあわせにくらすための方法を見つけよう
- 「カラフル」から旅立つ姿を思い描き、豊かな人間になろう

カラフルキャンパスという場所でなかまと一緒に自分をさらけ出しチャレンジしていく。豊かな人生を送る経験をいっぱい積み上げていく。そんな場所として、カラフルキャンパスは始まっていきます。カラフルはこどもから大人への移行期のはじまりです。ここで体験した楽しいこと、つらいことなど、この体験から新しい生活や未来の困難を乗り越えていく力がついていくことを目指します。

けっして一人ではできないけど、お父さんお母さんは大好きだけど、友達やなかまと一緒だからできること、成長していけることがきっとあります。そんな青年期を迎えた学生を、家族と一緒に

支えあっていく、そんな場所としてカラフルキャンパスが進んでいけたらと思います。

今後の課題

カラフルキャンパスは大阪の四條畷市にて、マンションの1階スペースをお借りして始まります。支援学校卒業に伴い、学校生活だけではなく大きな変化が生まれます。夕方から夜にかけての生活です。現在、支援学校下校時から障害児放課後等デイサービスを活用して生活を送っている当事者家族にとって、大人の事業に移行するということは、放課後等デイサービスの活用ができなくなるということです。

その変化に対して、カラフルキャンパスで夕方の対応を行ってほしいというご意見もあります。大人の事業所において、障害児の放課後等デイサービスのような事業は存在するのかと言えば、各市町村事業として行われている日中一時支援事業があります。しかし、放課後等デイサービスと比較すると、日中一時支援事業は通所施設の併設として取り組まれていることが多く、利用したくても利用できない実態があります。短期入所事業の活用も考えられますが、短期入所に関しては宿泊が伴うことから、難しさも存在します。

青年の自立をめざして将来のことを考えるのであれば、短期入所事業を計画的に活用していくことも必要になってきます。各市町村における短期入所の取得日数は市町村によって違います。また、市町村によって事業の実態は大きく違い、充実した市町村とそうでない市町村では大きな差があります。必要なだけ短期入所が使用できない実態も存在します。移動支援事業などの活用も一定有効ですが、外での支援を行うのは障害状況もあり困難性も存在します。やはり夕方に放課後等デイサービスのような事業が必要と言えます。長い歴史のなかで、日中の活動保障をめざした動きから無認可作業所の運動があり、現在は支援学校卒業後の日中活動の場は保障されてきています。内容において学びの場を求めつつ、学齢期には行えていた夕方の支援をいかに捉えて対応していくのか。日中一時支援事業を行っていける状況の整備も必要ですし、個々のニーズに即した支援の構築も必要になります。

今後、地域で暮らしていくことをいかに支えていくのか、自立を促す支援をいかにつくっていくのか。自己決定をいかに支援しマネジメントを行っていくのか。障害者支援をいかに進めていくべきか。さまざまな課題が存在しています。カラフルキャンパスにおいても、利用者ニーズ・家族ニーズをさらに明確化し、多くの人と協力して行政や国をまきこみ、生きづらさを解消する社会づくりもあわせてめざしていく必要を感じています。

＊　＊　＊

卒後の学びの場に限らず、今後の長い人生をいかに豊かにしていくのかが重要です。現行のサービスを組み合わせながら、無いものは運動を通じてつくっていくことが求められています。利用者の願い、家族の願いはより深まっている反面、福祉にかかわる労働者は毎日の支援に疲れている実態もあります。新たな要望に応える余裕がないという声も多くあります。しかしながら、ニーズに寄り添い、現状の矛盾をいかに解消していくのか、新たな対応をみんなで築いていくことが求められています。

カラフルキャンパスを作る利用者家族の運動は、そこに気づかせてくれました。真摯に対応していくことを感じて進めた法人・事業所の動きは、今後の新たな運動につながっていくものと思います。足りないものは自分たちで考え、つくり、実体化していくこと。今後の障害者福祉、社会福祉を進めていくという熱い思いをもって進んでいかねばなりません。これからも大きな課題にぶつかることと思います。それを跳ね返し、自らが望む暮らしを実現するために協力して進みたいと思います。

第Ⅲ章 「学びの場」が大切にしていること

1 知的障害のある青年のアイデンティティの発達と自己肯定感

小畑耕作

1 青年期という時期

青年期の若者について、小川明は、「マニュアル、カタログにより、情報疑似体験のなかで流され、自己の確立ができない若者たち。20歳成人の意義がなくなり、30歳が成人になる節目になった」と述べています（『30歳成人説』日本マンパワー出版、1992年）。また、作家の村上春樹は、日本の民法が成年を満20歳と定めているのに対し「精神年齢でいけば今の30歳は、昔の20歳ぐらいにあたる」という考えを述べ、「自分が本当にやりたいことなんかそう簡単に分かるものではない、30歳までは色んなことをやって30歳になってから人生の進路を決めればよい」と述べています（『そうだ、村上さんに聞いてみよう』）。同じく作家の田口ランディは、「人間は29歳に転機を迎えるという法則」（29歳変動説）を唱えています（『馬鹿な男ほど愛おしい』）。

一方で、法的な大人（成人）は20歳ですが、選挙権が18歳へ引き下げられました。二次性徴の若年化傾向によって身体的・生理的な大人への身体の変化（成熟）は早まっています。また、大学卒・大学院卒のように就労の遅い者が増え、さらに、晩婚化や大人観・人生観の多様化、社会的・心理的成熟の不全現象などから「青年のままで大人になりたくない・ならない・なれない」という一群も現れています。

心理学における青年期の時期設定には諸説があり、堂野佐俊は「人間の発達段階のうち、児童期と成人期の間にあたり、いわゆるこどもから、大人への移行期・過渡期として位置づけられる時期である。発達そのものが連続的過程であり段階的に区分することが困難であることや性差や個人差が大きいこと、民族的や地域社会の習慣的背景、自然的条件による差異が大きいこと、研究者の学問的立場の異なることにより年齢的な範囲を明確に区分することは困難である。一般には、中学生、高校生、大学生の年齢に相当する時期と考えられ、それぞれ青年前期、中期、後期と呼ばれることもある」と述べています（『教育臨床心理学事典』北大路書房、１９５６年、２４７～２４８ページ）。

笠原嘉によれば、時代とともに青年期が延長される傾向にあり、今日では、青年から成人期への移行期が30歳前後であるといわれています（「現代社会と青年」『高等学校現代社会』第一学習社、２００２年、16ページ）。

青年期の心理的発達と特徴や、青年期の重要性について気づかれたのは、人類の歴史でいえばごく近年にすぎません。１９０４年にアメリカの心理学者Ｓ・ホールが、それまでまったく未開の分野であった青年心理の研究に着手し、青年期の独自性を明らかにしたことから始まりました。20世紀に入ってから青年期として一つの独立した時期としてみなされるようになりました。

青年期には、二次性徴が出現し、その成熟過程における変化に直面して不安定性に伴う緊張した情緒反応や動揺して、一貫を欠く攻撃的反応を指して「疾風怒涛」の時代ともいわれ、日常的には第二反抗期と現わされることが多くあります。青年期の心理を特徴づけるものに自我のめざめがあり、自己についての意識が強く働き始めます。ルソーは、こうした目覚めの時期を「第二の誕生」としました。この考え方によれば、一回目の誕生は、生物としてこの世に生まれてくることで、この段階では、自分をとりまく外界との間には両者を隔てるものはなく、人間は外界からの刺激に素直に反応します。しかし、第二の誕生を迎えた時、人間は「人生」に目覚めます。自分は「どうするのか」の問いかけを自分自身にぶつけないではいられなくなります。それと、同時に、青年は「自分で判断して行動したい」という要求が強まります。

2 障害者の青年期

しかし、青年期はながらく健常者だけに語られてきたものでした。とくに知的障害者は、障害が重ければ「永遠なる子ども」として扱われる一方、障害の軽い者は「早く手に職を」と急がされ、義務教育終了時点で就労することを強いられてきました。これは、知的障害者には青年期は「ない」、または「必要ない」というスタンスです。

２０００年に「希望するすべての障害者は、18歳までの学校教育が保障」されてきました。高等部教育が保障されることにより、渡部昭男は、青年期は「子どもから大人へ」「学校から社会へ」への移行期であり、「青年自身による『子どもから大人への自分づくり』を教育的に組織し、方向づけ、援助する営み」の大切さを述べています（『障がい青年の自分づくり』日本標準、

２００９年）。アメリカの心理学者のエリクソンによると青年期の課題は、アイデンティティ（自己同一性）の確立であると述べています。

２０１７年４月に文部科学省が特別支援学校幼稚部教育要領、小学部・中学部学習指導要領の改訂を行いました（高等部は２０１９年）。同解説編「第３編小学部・中学部学習指導要領解説〈第２章〉教育課程の編成及び実施〈第５節〉児童生徒の調和的な発達の支援」のなかで「児童生徒が自分の特徴に気付き、良い所を伸ばし、自己肯定感をもちながら、日々の学校生活を送ることができるようにすることが重要である」と記しています。

青年期にアイデンティティを確立していくためにも、自己肯定感がきわめて重要です。障害があるため、これまでの経験から、みんなよりできないことやわからないことが多く、「ふがいない自分」を感じてきた人が多くみられました。また、「つらい思い」や「いやな思い」をしてきた青年も少なくありません。成人期を迎える知的障害青年には、自己肯定感の形成が重要な課題になります。

3 青年期の課題解決のために

私は、特別支援学校で９年間、進路担当をしてきました。その間60人あまりが企業に就職しましたが、三人が離職した後ひきこもりになりました。二人は５年間入院し、現在は笑顔もみられるようになり、障害者作業所で元気に働いています。二人から就職した時のことを話してもらったところ、「職場で自分は役に立っていないと感じた」「まわりの人の目が気になった」「昼休みは独りぼっち」「休みの日は部屋で過ごした」ということばが返ってきました。

また、月2回、29年間続けている障害者青年学級では、家庭や職場と違って、同世代の仲間のなかで、家族には話せない、職場では話せない、ありのままの自分（素の自分）を出すことができ、それが受け止められる、そんな集団づくりを大切にしてきました。そのなかで、一人ひとりの出番を用意しました。青年学級という同世代の集団のなかで位置づけられる自分の役割をとおして、かけがえのない自分を感じていけるのです。

それは、エリクソン（1902～1994、アメリカの発達心理学者、ライフサイクル理論）のいう青年期の課題である自己同一性（アイデンティティ）です。エリクソンは、「同世代の友情と異性の親密さがある同年代の社会集団の中で自分の存在が認められることで、集団や社会の一員であるという認識を持つことが重要である」。さらに、「この時期に、同世代の同性や異性の間に親密な関係が生まれず、社会集団の中の自分の役割がわからなくなった場合、青年は自分の自己を見失い、精神的に危機的状況に陥る」と述べています。

次に、本人はどんな欲求を持っているかを探ることも大切です。それは、マズロー（1908～1970、アメリカの心理学者、人間は自己実現に向かって絶えず成長する）の欲求5段階説を参考にしたものです。人の心理は、「生理的欲求」がほぼ満たされて、次の段階の「安全・安定の欲求」が大切です。そこでは、殴られたり、いじめられたりしない、安心できる場が必要です。その欲求がほぼ満たされると友だちが欲しくなり、グループに入りたい気持ちが芽生えてきます。そこでほぼ欲求が満たされると、次にその集団の中で、尊敬されたい、役に立ちたい気持ちが出てくると言われています。その欲求がほぼ満たされると、「こんな仕事がしたい」と自己実現の欲求が生まれてきます。

安心できる同世代の仲間と本人の今の欲求を捉えること。それには、焦らず本人が次の欲求が芽生えてくるまでじっくり待つことが大切だと私は考えます。現在の社会、教育、職場のあり様は、かけがえのない一人ひとりの個性は認められず、標準に近づくことや早く正解を出すことが求められる息苦しい場になっています。

4 知的障害の子どもたちと出会って

私は、和歌山県内の特別支援学校（養護学校）に36年間勤めました。多くは知的障害の中学部・高等部に配属され、進路指導を担当しました。高等部には、支援学校の小学部を経て、中学部からそのまま高等部に進学してくる生徒と、地域の中学校から進学してくる生徒がいました。それぞれの生徒について、行動や心理の実態を振り返ってみたいと思います。

(1) 支援学校の小学部・中学部を経て高等部に進学してきた生徒

支援学校中学部から高等部に進学してきた生徒は、知的障害が比較的重い生徒です。3～4歳ごろに、保護者が発達の遅れに気づき、療育相談を経て障害児通所療育施設、統合保育を経るなかで、療育手帳A判定を取得しています。

日常の家庭生活は、保護者の目の届く範囲での行動で、安全のため保護者との密着が多く、支援学校に通うスクールバス乗車まで母親と手をつないでいる様子が見られます。

日常生活では家族の介助や支援が多く、具体的にやって見せ、それを模倣することで日常生活スキルが身に付いていきます。話しことばは二語文ぐらいで、話しことばでのコミュニケーションがとれなかったりしますが、ことばによる指示でできるようになることもあります。高等部に入学するまでの9年間で、子どもたちはほぼ日常生活習慣を身につけられるようになっており、高等部入学後も身に付けてきた力の維持向上を目指します。

しかし、中学部後半あたりから、その場に適応することを求められることが多く、情緒的に不安定な生徒も出てきます。青年期前期、第二の反抗期といわれる現象として、「自分の思い」が現れ、「したくない」「不安」などを感じ、ことばによるコミュニケーションが取れず、大声を上げたり、他害や自傷行為をする場合があります。

母子密着が続くなかで、子どものことを誰よりもよく知っている母親が本人の思いを代弁してきました。最近では、事業所の支援員が利用者本人の自己選択、自己決定を大切にした取り組みを行っている放課後等デイサービスを利用することで、一日中、母子密着をすることが少なくなってきた家庭もあります。

⑵地域の中学校から高等部に進学してきた生徒

多くは療育手帳を取得しておらず、高等部に入学して手帳を取得し、B判定の生徒です。

地域の中学校の特別支援学級や普通学級から進学してくる生徒たちが、入学して3か月ほど経ち、高等部生活に慣れてきた頃、ランチルームで生徒三人と給食を食べながら話しました。「みんな、中学校からこの支援学校にきてどうですか？　楽しくない？　楽しい？」と尋ねると、「楽しい！」と言った生徒に続いて、残りの生徒も「楽しい」と答えてくれました。私が「中学校の時は、どうだった？」と尋ねると、一人の生徒が「俺、思い出したくないわ」と言うのです。「えー、なんで？」と尋ねると、「いじめられて学校に行きたくなかった」と言うのです。すると他の二人も「黒板拭きで学生服を汚された」「上履きと体操服を隠された」「ふざけて、いつも蹴りを入れられた」「上履きに画鋲を入れられた」「弁当につばをかけられた」など、辛かったことをそれぞれ話してくれました。また、「授業中は教室に先生がいるので安心だけど、休憩時間に先生が職員室に戻るので、教室や廊下でいじられる」「昼休みは職員室の近くで遊ぶと職員室が近いので安心」「登下校は小石をぶつけられた」とも話してくれました。

支援学級にいた生徒は、「音楽・美術・体育」の教科は親学級の生徒と合同授業を受けていました。「音楽はぱくぱくやった」と、声を出さないで歌うふりをしていたこと。「絵は最後に消して出す」と教室や廊下に張り出されないこと。体育のサッカーやバスケでは、失敗すると罵声を浴びせられるから「ボールに近づかないようにする」など、存在を示さないことで自分を守ってきたようでした。バスケット部に入っていた生徒は、「俺、試合に一度も出たことないわ。パスと片付けだけで、何も役にたたなかった」と話してくれました。特別支援学級の先生は優しくて、授業は楽しくわかりやすく、特に地域の他校の特別支援学級との交流学習では友だちができるなど、緊張の中にも手応えを感じていたようでした。

これらの話から、知的障害の比較的軽度な生徒は中学時代に、大きな集団の中では教科における知識や技能の差を感じ、何をやってもできず出番がなく、何かをすることで被害に遭うので存在すら隠すなど、常に「ふがいない自分」を感じてきたと思います。

5 生活の主人公になる取り組み

知的障害のある中高生と通常の中高生の生活の違いを考えたとき、すぐに思い浮かぶのは服装です。中高生ともなれば、服装はほぼ自分で選びます。好きな色やデザイン、ブランドなど、自分の思いで選択します。しかし、知的障害のある中高生の多くは、子どもが自分で選ぶのは心もとない感があるということで、親が買ってきたものを着ている生徒が多いのです。小さいときから、生活場面で自己選択、自己決定の機会を多く持つことが大切だと感じます。その力が、青年期の「自分づくり」に開花するのです。

次に、ダウン症のある青年期の女性のお母さんが家庭で取り組まれていることを紹介します。自立を考えるとき、料理を自分で作れる力が必要です。自分が食べるインスタントのラーメンや焼きそばに熱湯を入れることから始めることはよく見られます。青年期になると、家族のためにカレーやシチューを作ることは、手応えのある活動です。最初は野菜の皮むきから。玉ねぎの端を包丁でカットして外の皮をむく。人参やじゃがいもを水洗いしてピーラーを使って皮むきをする。次に包丁を使ってそれをカットしていきます。玉ねぎは表面がすべるので細心の注意が必要です（最近は子ども用に安全な包丁があります）。このような下ごしらえは、練習を繰り返すことでなんとかできるようになります。しかし、煮込んでルーを入れて味を調えることは、障害があるとほとんどさせてもらえません。そこで、このお母さんは、本人に味見をしてもらい、ルーをもう一つ入れるかどうか判断させることにしました。「あなたが、美味しい、これで良いと思うならＯＫです」と。家族にも食事のときに「今日のカレーは、○○がつくったの」と、紹介します。このような取り組みをとおして、本人が家族のために役立つ自分を感じるので、また作ってみたいと思うのです。料理の下請け活動ではなくて主人公になるのです。

私は、青年期の知的障害者の自己肯定感を育むためには、幼・小・中・高時代から自己選択、自己決定の機会を生活のなかで位置づけることが大切だと考えます。このことで、生活の主人公になっていくのです。青年期になると、「自分の持てる力を発揮したい」「人の役に立ちたい」という気持ちが内面に育ってきます。支援者がその人の出番をつくることが重要です。

6 マズローの「欲求５段階説」から考える

知的障害の青年に長年向き合ってきた私は、人間の心理をわかりやすく説く「マズローの欲求５段階説」に出会い、主体性の形成や成長の過程を考える上でたいへん参考になりました。

アブラハム・マズローは、１９０８年にアメリカ合衆国のニューヨークに生まれた心理学者で、人間心理学の生みの親とも言われる人物です。それまでの人間心理学は精神分析と行動主義でしたが「第3の理論」として人間の肯定的側面を強調した人間観にもとづく心理学を提唱しました。「欲求5段階説」は、人間は自己実現に向かって絶えず成長する生きものである」と仮定し、人間の欲求を理論化したものです。一つ下の欲求が満たされると次の要求を満たそうとする基本的な心理的行動を表しています。ただし、マズローの理論は科学的な実証性や厳密さに欠如があるとの批判もあり、また、マーケティングを行う上でも重要とされ民間企業の研修にも取り入れられている側面もあります。

「マズローの欲求5段階説」は、とてもシンプルで説得力もあります。そこで、私なりに知的障害のある青年期にスポットを当てて考えてみました。

なお、欲求の意味について辞書（三省堂大辞林第三版）をみると、「①欲しがり求めること。願い求めること」と書かれています。

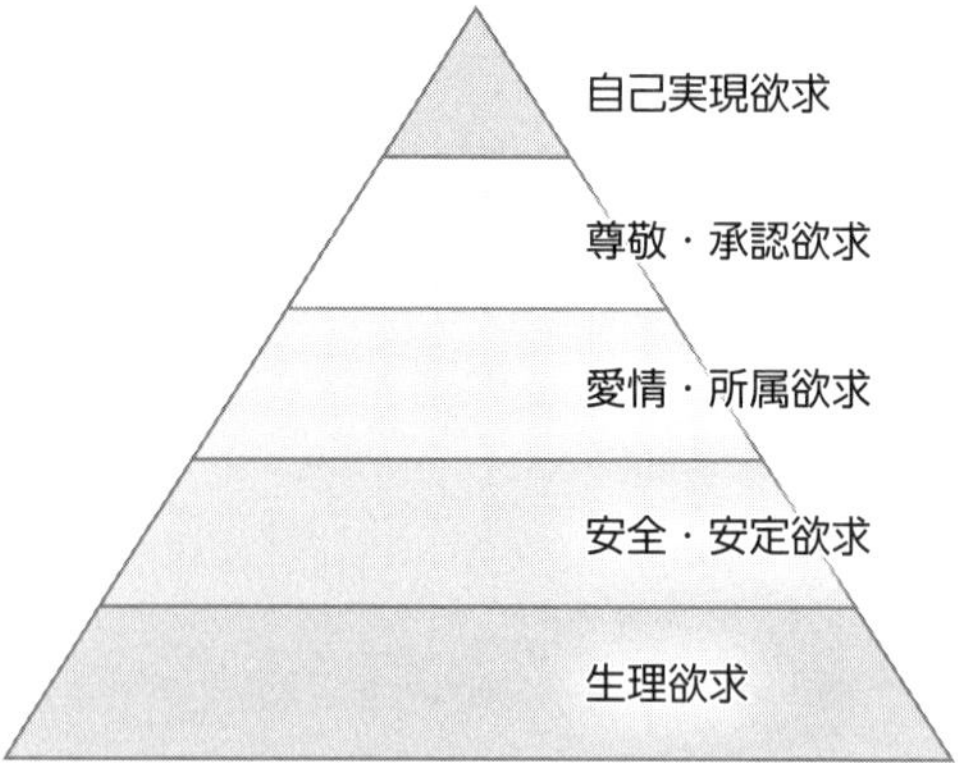

⑴第1段階　生理的欲求

ピラミッドの一番下の段階にあたり、最も基本的な欲求が「生理的欲求」です。生命活動維持するために不可欠な「食欲」「排泄欲」「睡眠欲」などが当たります。どんな活動をしようにも「お腹がすいている」「トイレに行きたい」「眠たい」では、それどころではないはずです。まともに集中できないでしょう。家庭環境によっては、「食欲」が満たされないこともあります。生理的欲求は欲求の土台であり、まず最初に抱く欲求の出発点です。しかし、人間はこの欲求の階層に留まることはありません。

(2) 第2段階　安全・安定の欲求

生理欲求が満たされると、次の「安全の欲求」が生まれます。身体的に安全で、経済的にも安定した環境で暮らしたいという欲求です。障害ゆえに親の期待に応えられない場合など、虐待なども生じやすい状況があります。家庭での衣食住、暮らしの安定はもちろんのこと、学校においてもいじめられないクラスや集団が必要です。本人が安心できる環境の欲求です。条件付きの愛（これができたら愛される）ではなく、無条件の愛（できてもできなくてもあるがままで愛される）がとても大切です。自己選択、自己決定、表現する力も育む時期です。

(3) 第3段階　愛情・所属の欲求

生理的欲求や安全・安定の欲求が満たされたとしても、話し相手がなく、自分を受け入れてくれる人もいないような孤独な生活では、とても寂しい思いをします。自分もみんなのように、仲間に入りたい、気の合う人と話したいという欲求が生まれてきます。しかし、障害のある青年たちにとっては、通常の学校では所属の欲求が満たされない場合が多いのです。学年が上がるにしたがって、仲間集団から排除されたりもします。自分の思いを伝えられず、受け止められなかったりします。学校では、障害のある子どもの思いを、障害児学級や小グループの中でみんなに伝える支援が、教職員に求められます。コミュニケーションの力をしっかり育む時期には、自分を受け入れてくれる親密な他者の存在が不可欠です。

⑷第4段階　尊敬・承認の欲求

集団に属し、所属の欲求が満たされていたら、次の段階の欲求が生まれます。それが「尊敬・承認の欲求」です。所属する集団の中で「自分の出番が欲しい、高く評価されたい」など、自分の能力を認められたいという欲求です。他人に注目されたい、称賛されたい、褒められたい、という気持ちにあたります。さらに高次になると、他人にどう見られるかではなく、自分の中の喜びや本人自身の達成感が大切になります。障害のある青年の場合、福祉作業所などで、「ゆっくり、じっくり、自分らしく」の実践が求められるステージです。

⑸第5段階　自己実現の欲求

ここまでのすべての欲求が満たされると、最後の「自己実現の欲求」です。自分らしく生きたい、自分にしかできないことを成し遂げたいという欲求です。知的障害のある青年の場合、「自分に合ったこんな仕事がしたい、あの会社で働いてみたい」という欲求が出てきます。

マズローは5段階の次に第6の「自己超越の欲求」を考えていました。それは、「社会をより良いものにしたい、世界の貧困をなくしたい」といった、自分の欲求のレベルを超えた自分の外にあるものに対する貢献が志向されるとのべています。

＊　＊　＊

青年期についての心理や発達の研究の歴史はまだ始まったばかりです。知的障害者の青年期については、糸賀一雄の就労した青年の内面的適応研究や、池田太郎の信楽青年寮の重度青年の四つの願いなど、知的障害者の内面に視点をあてた研究が存在するくらいで、皆無に等しいと言えます。

障害のある青年も他の人と等しく、高等部で教育が終わるのではなく、希望する人には教育年限の延長の機会が用意され、青年期の発達にふさわしい取り組みが始まっています。しかし、まだ現場では、働く場に適応することをトレーニングで身につけようとする取り組みがみられます。

私は、エリクソンやマズローの理論を参考にしながら「ゆっくり、じっくり、自分らしく」成長していけるよう、青年たちを支援し、そのなかで、「働きたい」「役に立ちたい」という気持ちが青年たちに育っていくことに、確信を持っています。

2 未来を拓く性教育
——ゆたかな青年期のための必須科目

千住真理子

1 障害児・者への性教育

私は、堺市立中学校で音楽の教員として教職に就き、その後に障害児学級担任になりました。彼らの中学校卒業後の「進路」が私の課題となり、夏休みなどを利用して、テーマを決めて見学をしていました。たくさんの人とつながりや学びができ、私の大きな財産となりました。

支援学級担任になったとき、性教育をやろうと思いましたが、自分がきちんと学んでいないための迷いや不安があり、何もできずに支援学校に転勤をしました。支援学校では、友だちのからだをさわる生徒や「イヤ」と言えない生徒に性教育が必要だと訴えましたが、「彼らには必要ない」「寝た子を起こすことはない」などと言われ、認められませんでした。

しかし、2年後に指導案や教材を用意し、ドキドキしながら学年の先生たちと性教育を始めました。すると、どの生徒たちも集中して授業に参加したのです。「生徒たちの知りたいことなんや」と気づかされ、私が性教育の虜になりました。

障害者相談支援センターの会議で性教育の授業を行ったことを報告すると、相談員の方がすぐに授業の見学に来られました。その帰りに「地域で生きていくには、性のことは知っていてほしい。恋愛や結婚をする人が増えてほしい。青年向けの性のセミナーをしませんか」と誘われて、２００６年より堺で障害のある青年の性のセミナー「せいかつをゆたかに」をはじめました。作業所などに案内パンフレットを持って行くと、「わざわざ寝た子を起こすなんてとんでもない」「恋愛したら、セックスに走る。そしたら妊娠、中絶……アカン、障害者には恋愛はいらん」などの反応。障害のある人たちのおかれている状況が、ほんとうによくわかりました。

セミナーに集まった青年たちは一生懸命学び、「来年もやってね」「もっと回数を増やして」などいろいろな要望が出され、求められていることを実感しました。３年行ったところで、彼らだけが学んでも彼らの生活は変わらないと気づき、支援者・保護者を対象としたセミナーも毎年開催するようになりました。２０１７年には「せいかつをゆたかに実行委員会」が読売福祉文化賞を受賞し、社会的に障害者への性教育が認められたことがとてもうれしかったです。

２０１１年に土地の提供があったことから、退職教

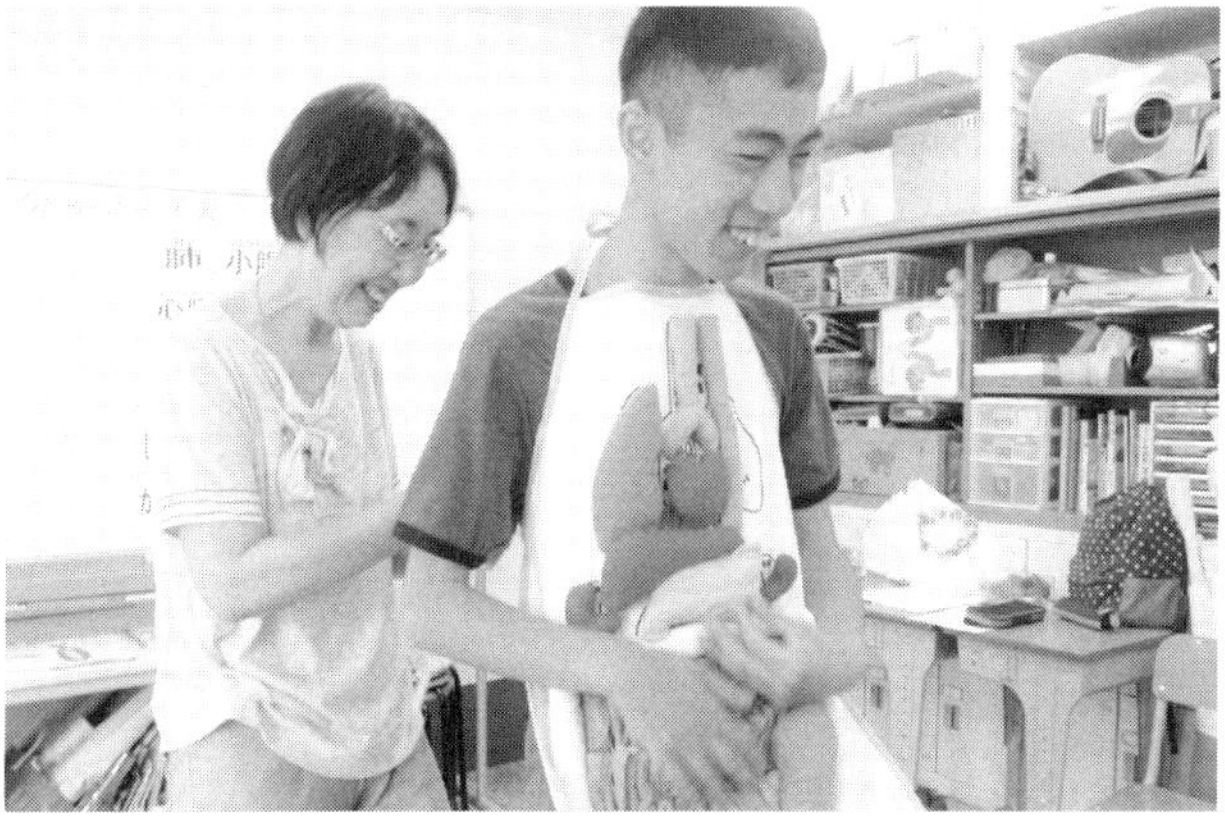

身体のしくみを知る

員とNPO大阪障害者センターで話し合い、2012年に大阪で初めての高等部卒業後の学びの場「ぽぽろスクエア」（ぽぽスク）が誕生しました。ぽぽスクのコンセプトは「青春しよう！」です。そこで私は「グッドライフ」（進路）と「こころとからだの学習」（性教育）の授業を受け持つことになりました。

2 グッドライフ（進路）の授業

「進路」の授業については経験も教科書もありませんでしたので、自分が長年にわたり見学等で培ってきたものを手繰り寄せ、常に何が大切かを考えながら授業をつくっていきました。

授業を始めると、学生から「エ〜ッ、ぽぽスクでも進路の授業があるの？ 高等部でさんざん進路、進路と言われて、やっと入学したばっかりなのに。ぼく、進路の授業は受けません」と言われてしまいました。どれだけ高等部で「進路」という言葉に苦しめられていたかと思うと、胸が痛みました。そこで「グッドライフ」＝〝素敵な人生、素敵な暮らし〟と名前を変えました。彼も授業に参加するようになりました。

一番はじめの授業は「相談」です。「困ったときは誰に相談をしますか」と彼らに質問すると、保護者以外ほとんどいないという実態が見えてきます。なかには、「困った時はツイッターにあげる」という人もいました。学んでからは、学生が住む地域にある障害者基幹相談支援センターをスタッフとともに訪問し、計画相談事業所も探して紹介しました。でも、相談をする力は、まずスタッフと話をすることからです。スタッフは、「なんでも相談してね」「いつでも話を聞くからね」と話しています。〝安心して話ができるおとながいる〟と理解してもらうことが、〝相談する力〟となっていきます。

作業所でうまくいかなくなったとき、相談機関に相談に行っている卒業生の姿を見ると、〝相談する力〟と〝何とかする力〟、そして「さぁ、次に行こう」という〝元気な力〟がついているなぁと実感します。

「相談」の次は、「20年後どんな生活をしていますか？」というアンケートです。その生活を叶えるために、いま何をすると良いか、お金のこと、どんな福祉の制度を使うのかなどを学んでいくのです。

このアンケートの第1問は「20年後、誰と暮らしていますか？」です。1学年10人中、5～6人ぐらいが「好きな人と暮らしている」で、「子どもがいる」と書く人も2人ぐらいいます。その次が「グループホーム生活」で3人前後。「一人暮らし」も1～2名います。「家族と暮らしている」は2年に1人ぐらいで、「きょうだいと暮らしている」については、開所して8年で1人もいませんでした。

学習会などで同じ質問を保護者に投げかけると、圧倒的に「保護者と暮らしている」が多く、青年たちの思いに驚かれます。彼らのこれからの長い人生を考えたときに、恋愛や結婚も含めた彩のある人生を歩んでほしいと考えています。そのためにも授業では、障害基礎年金や生活保護といったお金のこと、福祉の制度、障害支援区分なども学びます。

卒業後の進路としては「働く場」「学ぶ場」「訓練する場」などを考えていきます。そして、「卒業後の進路については、自分で考え決めてほしい。そのための支援はいくらでも行う」と伝えます。その結果、学生のほとんどが自分で自分の進路を考え、選んでいます。これまで、無茶苦茶な進路を言ってきた学生はいません。それは自分を見つめ、考えた姿です。ただ、残念なのは保護者のなかに過剰な期待をされている方がいることです。それがどれだけ彼らを苦しめているか、彼らの思いをわかってほしいと話を重ねています。

私は、進路と性教育はリンクしていると考えています。しかし、進路と性教育がリンクしていると考える人は、残念ながらほとんどいません。「進路＝働く」だけになっている場合が多く、彼らの長い人生において、恋愛や結婚について考えられていないというのが現状です。これは優生思想の流れでもあり、「障害のある人は、恋愛や結婚とは関係ない人たちだ」と脈々と残っているものを感じます。

私は、「グッドライフ」と「こころとからだの学習」の授業を始めるとき、彼らに必ず話すことがあります。それは「幸せに生きるために学びます」ということです。

3 こころとからだの学習（性教育）の授業で大切にしていること

⑴科学を学ぶ

男性のからだ、女性のからだ、命の誕生、おつきあいについても性交、妊娠、避妊、性感染症、人工妊娠中絶などの科学を学びます。

男性は、夢精をおねしょと思っていたり、小さい時に性器をさわっていて怒られて自分の性器をさわれない人がいます。女性では性器の名前を知らなかったり、自分の性器を鏡で見たことがない人がほとんどです。

彼らは自分のからだ、異性のからだ、自分の命の誕生、おつきあいなどについて興味や関心があり、彼らの知りたいことが学べる授業を熱心に受けられます。

(2)多様性の尊重

男性のからだ、女性のからだを学んだ後に、こころとからだが一致しない人がいることを話します。

「男性か女性か、どうやって決めるのだろう?」と質問をすると、「おちんちんがあるかどうか」という答えとともに、「髪の毛」「顔」などもあがります。決めては性器ですが、成長していくなかで、自分が男性のからだで女性のこころ、女性のからだで男性のこころだと気づく人がいます。そして、性は男と女の二つだけではないことも学びます。「性を決めるのは自分。だから、からかわないで見守ってほしい」と話しています。また、「好き」についても「女性同士のラブや男性同士のラブ、男性を好きになったり女性を好きになるラブ、好きに興味がない人もOK、誰を好きになるかならないかを決めるのは自分で、いろんな好きがあり、それを認めていくことが大切」と話しています。実際に女性を好きになる女子学生や、男性を好きになる男子学生、男性にふられて次に女性にラブレターを送った女子学生など、日々いろいろな「好き」を身近に見ています。みなさん、学んだことはやさしく受け止めてくれます。

当事者を迎えての学習会をしましたが、取り組みとしてはまだまだ課題があると思います。セクシャルマイノリティだけでなく、障がいのある彼らもマイノリティです。彼ら、そして私たち自身が、多様性のなかで生きている存在であることにどう気づいていくかが課題だと思います。これからも学習会は続けていく予定です。

⑶自己肯定感を育てる

ぽぽろスクエアに入学するまでに、いろいろと傷ついてきている人が多くいます。いじめ、不登校、友だちがいない、学校中退、仕事が続かない、なかには保護者からの虐待もあり、そして障害があるということも重なって、自己肯定感が低い人が多いです。

からだについて学ぶなかで、〝こころもからだも大きくなった〟〝自分のからだってすごい〟を実感してほしい。命の誕生を学ぶなかで〝自分の意志で生まれた〟〝いろいろな人の関わりのなかで育ってきた〟などの気づきを助ける学びをしたいと考えています。けっして「あなた

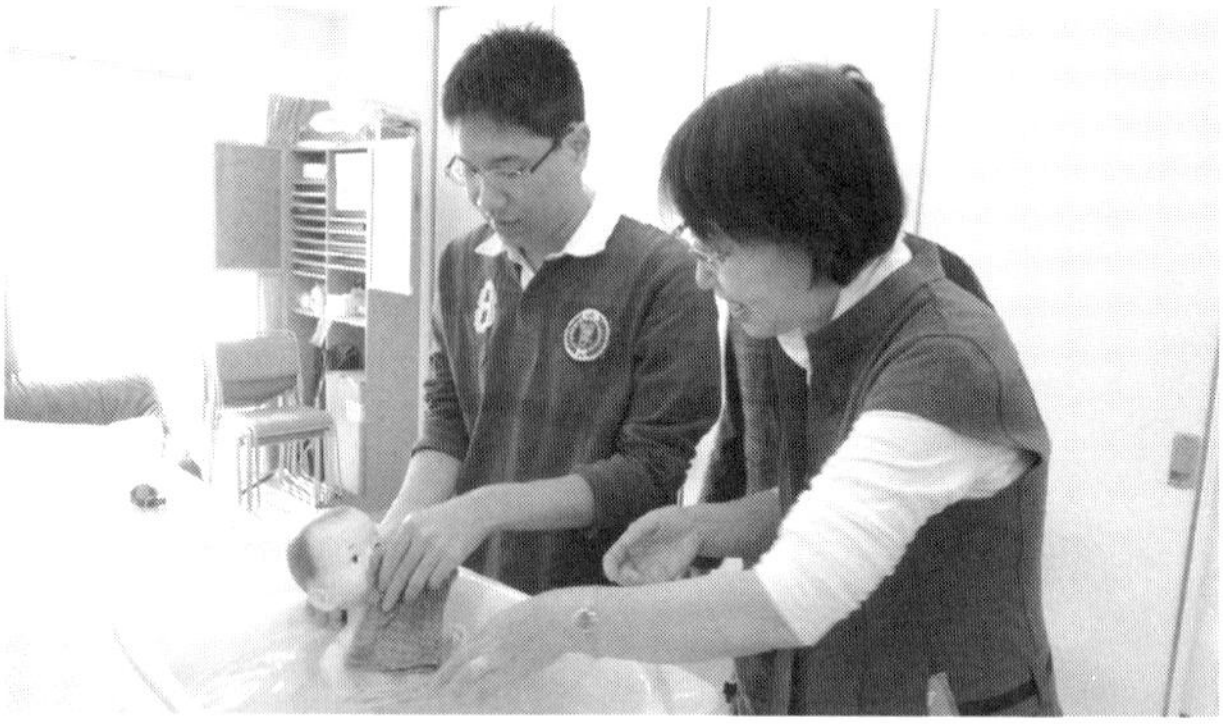
沐浴体験の授業

は大切にされてきた」などとこちらから発信はしません。それに気づく人がいることを願いながら、授業をしています。

「命の誕生」の授業では、『うまれるよ』（山本直英監修・わかば社）のＤＶＤを見たり、妊婦体験、子宮産道体験、赤ちゃん人形の抱っこ、沐浴体験などを通して、自分の命について考えます。沐浴体験中に赤ちゃん人形を浴槽の中に投げつけた学生がいました。「ぼくもこんなふうに関わってくれた人がいたんだと感動したけれど、今のしんどい生活を考えるとそんなことに感動した自分に腹が立って投げつけた」と話してくれました。性教育の授業から自分の命や育ちを考えていきます。

⑷「快」の体験

「快」がわかることで「不快」がわかり、「不快」なことに「イヤ」と言うときがわかります。授業のなかで「快」の体験を積んでいます。ハンドマッサージ、ホットタオル、夏はクールタオル、冬は足湯などに取り組んでいます。

このホットタオル、なかなか奥が深いのです。入学して一番初めのホットタオルは少しドキドキします。というの

ハンドマッサージで知る「快」の体験

は、タオルを広げて顔にあて、「わぁ〜、気持ちイイ〜」と言う人と、「いらない」と言ってタオルを受け取らない人がいます。喜んで受け取ってくれる人は、差し出されたものを安心して受け取ることができる、人に対する信頼度が高い人のように思います。受け取れない人は、いじめを受けていたり、虐待を受けていたりして、人に対する不信感や不安感を持っている傾向があり、これからいろんな面で配慮の必要な人と考えています。それでも、スタッフとの人間関係ができてくると、3か月後、1年後、1年半後には受け取ったりするようになります。

毎年、1回目の授業の後はスタッフ間で、タオルの受け取りについての話がされます。どうしたら信頼が得られるか、「試されている」という思いになります。人間関係を築く「快」の体験を大事にしています。

⑸自己選択・自己決定

ぽぽろスクエアでは、自分で決めることを大切にしています。そのために待ちます。その時間は、1時間、1日、最高1週間待ちました。なぜ、自分で決めるか。自分で考え、自分でやりたいこと、望む人生を歩んでほしいからです。なかなか決められない人は、自分で決める経験が少ないからです。時間はかかりますが、考えて自分で決められるようになり、だんだん早くなってきます。自分で決める楽しさも出てきます。

性では、誰とつきあうか、誰とキスをするか、誰とセックスをするか……と、自分でそのときに決めなければならない場面があります。そのときに決められなければ、相手の思うままとなります。自分の思う人生を歩むためにも、小さいことでも自分で決めることを大切にしています。自分で決めることができてこそ、自分の生き方や人生を決めていくことになります。

⑹男女がいっしょに学ぶ

男性のからだを学ぶと女子学生は、突然のぼっ起や包皮をむくのに痛い人がいることを知り、「男子もたいへんなんやね」と発言があります。〝も〟は、女性にとっての月経の大変さを指しています。女性のからだを学ぶと、男子は月経に驚きます。約1週間もずっとナプキンを付けていること、月経中や月経前は個人差はあるけれど、腹痛、腰痛、イライラ、眠気等体調が思わしくないことにびっくりされます。そして、女性にやさしくしたいと思う人が多いです。また、女性のからだに興味や関心があり、とっても熱心に学ばれます。学ぶことで落ち着く人もいました。

作業所の見学に行く前に、お給料や仕事内容など、いろいろと質問を考えます。その時にある男子学生が、「月経でしんどい時はどうするのか、も聞いたらどう?」と発言。学びがあるからです。このようにお互いを思いやって生活ができるようになります。

男女がいっしょに学んでいることを話すと、驚かれる人がいます。不安を感じておられるようです。それは彼らを信頼していないことです。彼らは学ぶと自分や相手を大切にするようになり、慎重になります。いっしょに学ぶからお互いのことを尊重しあうようになります。そして、男子会、女子会もします。彼らは本音が出せる男子会や女子会も楽しみにしています。

(7) ふれあいの文化の保障

どうしても距離感の近い人がいます。でもその人の育ちや背景を考えると、心に満たされないものを抱え、配慮の必要な人ということが見えてきます。そのとき、「腕1本、離れて」という指導ではなく、近いと思ったら自分で〝もう少し離れてね〟と言えるようになろうと伝えています。

そして、近いことが問題ではなくて、もっとふれあいを楽しんでほしいと思い、授業の前にフォークダンス「マイムマイム」を踊ったり（振り付けは簡単バージョンにして、ずっと手を握っています）、サイコロゲームをしたりします。サイコロゲームは楽しくゲーム感覚で、友だちのからだにふれるときは相手に聞く。ふれられて良いか、自分で決めるという自己決定をするものです。ハグが出るとすごく盛り上がるのですが、実際にハグをすると手が固くなり、相手のからだに寄り添わない人がいたり、腕組みでは2人の向きが逆となっていたり、ふれあいの経験が少ないことがよくわかります。1年くらい続けると、やっと自然なふれあいになってきます。

社交ダンスの授業

そして、社交ダンスの授業もあります。社交ダンスのよいところは、「もっと近づいて」と声がかかり、からだを寄せ合うことです。相手に敬意を表するマナーもあります。学生に一番人気のある授業です。年に1度、講師の方が華やかな女性のダンス衣装を持って来てくださってダンスパーティをします。女子学生はスタッフにヘアメイクをしてもらい、キラキラと輝きます。男子学生も自前のスーツや黒いパンツで正装する人もいて、女子に負けじと輝きます。社交ダンスは青年らしい文化です。これらのふれあいの文化の保障が、彼らにとって心地よい時間と学びになっています。

⑻「わからないことは聞いてね。何を質問してもOK」と授業の前に伝える

性については、それまでの生活のなかで「聞いてはいけない」「恥ずかしいもの」など、それぞれにセクシュアリティが育ってきています。授業の前にいつも「わからないことは聞いてね。何を質問してもOK」という言葉を伝えることで、回数が進むにつれ、その言葉が浸透していきます。いろんな問いかけにも、自分の気持ちを出してくれるようになります。

「おつきあいをはじめたら、どんなおつきあいをしたい？」と質問すると、「デートでカラオケ」「ユニバに行きたい」と、どんどん出てきます。「それから？ もっといいよ」とたたみかけると、学生から「キスをしたい」「からだにふれたい」「セックスをしたい」と出てきます。「おとなだから、その思いあるよね」と話すと、別の学生から「私はそこまで思わない。いっしょにいるだけでうれしい」「エーッ、そこまで思うの！ びっくり」などの言葉も出されます。すると、最初に発言した学生は「エーッ、そんなんでいいのか？」とびっくりする言葉が出ます。気持ち

の違いが見事に出ています。「だから、セックスは2人の気持ちがいっしょの時にしてくださいね。必ず、相手に聞いてくださいね。聞かれたら自分の気持ちを伝えようね。そして、場所を考えて、コンドームをつけてセックスをしてください。安心・安全は大切です」と話しています。

ときには「エッチな夢を見るのだけれど、僕はヘン?」といった相談もあります。「いいえ。大丈夫よ。夢の中だから、何にもしていないから、安心してね」と話すと、ホッとされます。ぽぽろスクエアが安心・安全の場になったから、自分の性について語れるのだと思います。

4 性教育は幸せに生きるために必要な学び

性教育は、人間の成り立ち（受精、胎児、出産）、多様な性、人間の成長、男・女、恋愛、性交、結婚、妊娠、避妊、性被害・加害、デート、自分の障害について知ることなど、広範囲にわたり、人権に関わる大切な学習です。彼らは学ぶと自分を大切にし、相手も大切にしようとします。そして慎重になります。

性教育とふれあいの文化の保障で、距離感の取りにくい人や性行動のあった人も落ち着きます。彼らの性行動をどう見るのか。性の行動があると支援者はやめさせたいと思います。厳しい指導=怒る、隔離、反省文、別室指導などが行われるケースが多いです。でも、その背景や彼らの心の内面を考え、「知りたい」などの発達要求ととらえ、みんなといっしょに性教育を行うことが大切になります。教員や支援者との1対1の授業では、対等な関係でないために、「叱られた」という意識しか残りません。みんなと学ぶことで、〃自分だけでないんや〃〃みんなも同じだ〃と安心します。

スウェーデンの地域にある青少年クリニックでは、12歳から26歳までの子どもや青年の性の相談を無料で受け付けています。見学に行き、そこで言われたことは、「問題行動って何?・学びがあるからそんなものはない」でした。北欧では、小学校から性教育は義務教育です。私も中学生セミナーやぽぽろスクエアで性教育を行うなかで、落ち着いてゆく人たちを見て実感しています。

どうしてこんなに子どもや青年から求められる教育に、二の足を踏んで踏み込めないのか、とても残念です。手で自分の性器にさわれなかった学生が、手袋をつけたらさわれるようになり、セルフプレジャー（自慰）ができるようになりました。そして、「自分の気持ちをコントロールできるようになった。自分が変わったのがわかる。ぽぽろスクエアに来て良かった」と発言しました。こんなにも子どもや青年が一生懸命に学び、変容する楽しい教育はないと、私は考えています。

この情報が発達した社会に、性のことを何も知らずに彼らを送り出すことは、何も持たずに丸裸で送り出すことと同じです。彼らにも恋愛をしたい、好きな人といっしょに暮らしたいという願いがあります。その願いを叶えることのできる社会になってほしいと思います。

私は、セミナーに参加した何人もの青年から、「ぼくは恋愛も結婚もできない」「恋愛はできるかもしれないけれど、結婚はムリ」という言葉を聞きました。でも、話をすると、本心は違うのです。それは、小さいときからの育ちのなかで感じ取ってきた〃障害があるから無理〃ということを表出しているのです。それは脈々と流れている優生思想の現れでもあります。

２０１６年に神奈川県の障害者施設で起こった殺傷事件、２０１８年に明らかになった官公庁における障害者雇用偽装事件、そして、旧優生保護法下における障害者への強制不妊手術、そして、私自身にとっては障害児・者に性教育を行うこともたたかいでした。２０１４年に発効した障害者権利条約では、第23条に彼らの家庭をもつ権利、子どもをもつ権利、性教育を受ける権利が認められています。支援者は彼らに性教育を行う責任が生じます。

ぽぽろスクエアの学生が「おつきあいの意味や、おつきあいをする上で、どうすればいいのか？について、避妊の仕方や大切さ、コンドームのつけ方について、コンドームをつける練習もできたり、命の大切さなどについて色々と自分の役に立ちました。今後も今まで学んだことを活かしていきたいと思います」と感想に書きました。

性教育は、ゆたかな青年期をおくるための必須科目、そして彼らの人生を励ますもの、幸せに生きるためには必要な学びです。からだについて学び「からだの主人公」に、そして自分の歩みたい人生を歩む「こころの主人公」になるために、性教育は大切な学びとなっています。

3

新しい親子関係をつくる力に
――学びの場の経験と「子の自律・親の自律」

卜部秀二

大阪府内では、地域の大阪障害児・者を守る会（以下、守る会）などの家族・関係者の運動によって、卒後の学びの場づくりがすすんできました。守る会の構成員の多くは障害児者の母親です。私は54年の歴史を持つ守る会の事務局を20年余りさせていただいていますが、会として青年期の教育年限延長や学びの場づくりが課題となったのはここ10年のことです。そんなこともあって、私は大阪で初めて開所した学びの場・ぽぽろスクエアの立ち上げと運営、府内各地域の学びの場づくりに関わることになりました。

1 子の自律・親の自律をめざして

(1)「自律」という意味

親子関係について考えるとき、守る会ではその中身とめざすべき方向性を〝子の自律・親の自律〟と表現し、会の合言葉にしています。「他人の力に頼らないで自分の力で立つ」という意味の「自立」ではなくて、「他人に依存しつつ自立する」「自分のことは自分で決める」という意味を含んでの「自律」です。「子からの」「親からの」自律としなかったのは、子どもは生まれながらに「依存しつつ自律する」存在であり、一人の独立した人格をもつ人間（個人の尊厳）として尊重されなければならないと考えたからです。

また、親子分離の暮らしの実現は「自律」への一歩と言えるかもしれませんが、親への経済的な依存や貧しい人間関係の上に成り立つ生活では、ほんとうの「自律」した生活とは言えません。「自律」には「自分らしい」ゆたかな生活を送ってほしい、自らも送りたいという親のねがいが込められています。

このように考えると、自律は家庭や学校教育を通して形成される自己（自我）の確立の課題であり、個人の尊厳と多様な生き方の保障を可能とする家族関係や社会のあり方に深くかかわる課題とも言えるのではないでしょうか。

(2) 葛藤しつつも〝親と子は別々の暮らしをしたい〟と願う親

ここに守る会も参加して障害者（児）を守る全大阪連絡協議会（障連協）がまとめた「障害児者をもつ家族の暮らしと健康の実態調査報告書（大阪版）」（2019年9月、1398人が回答）があります。主たる介護者は74・3％が母親で、6年前の調査報告書（1620人の家族が回答した「2013年障害児者・家族のくらしと健康の調査報告書」では96・3％）と比べると、母親の割合は減っているものの、まだまだ介護（子育て）の中心は母親であり、ここで言うところの「家族」や「親」の意識には多分に母親の思いが反映されていることに留意する必要があります。

19年調査の中に、家族が当事者との将来の暮らしをどのように考えているのかを尋ねた項目があります。そこでは「親と子は別々の生活がしたい」（35・9％）「当事者が若いので考えられない」（27・2％）「親子で一緒に住み続けたい」（24・8％）「当事者のことをきょうだいに見てほしい」（1・5％）という結果が示されています。一方、当事者が今後どのような場で暮らすことを望むのかを尋ねたところ、「グループホーム」（43・8％）、「今の住宅」（32・4％）、「入所施設」（15・9％）、その他（7・9％）でした。グループホームと入所施設を合わせると約6割が「親と子は別々の生活」をする場を選択するという一見矛盾するような結果が示されています。ここには通常とは異なる障害児者の家族の厳しい現実と、葛藤しつつも〝親と子は別々の生活をしたい〟と願う親の思いが反映されていると思います。

また、「親と子は別々の暮らしをしたい」と答えた人の68・9％が「グループホーム」を、21・1％が「入所施設」を選択されています。注目すべきは、当事者の年代ごとに聞いた希望する暮らしの場の回答状況です。「10歳以上20歳未満」でも63・7％、「20～30歳未満」で74・6％、「30歳以上40歳未満」で74・2％、「40歳以上50歳未満」で67・8％と、高い比率でグループホームもしくは入所施設を選択していることです。報告は「つまり、当事者が活動的な時期に、親元から離れた暮らしの場へのねがいが広がっていることがうかがえる」としています。

親は元気な時に親子の分離生活をねがい、その時期は本人も親ばなれをねがう「活動的な時期」（特に20～30歳代）と重なっており、親子の分離は「親亡き後」の課題としてではなく、まさに我が子の青年期の課題であることに注目する必要があります。

2 青年期支援の課題

(1)「18歳問題」「家族依存からの脱却」は青年期支援の大きな課題

守る会などが実行委員会をつくって実施した2013年調査報告書では、障害者年齢「18歳〜30歳未満」を境に「介護場面の困難状況」が「よくあった」「時々あった」と答えた人が11・3％増え、逆に「ほとんどなかった」と答えた人は11・2％も減っています。また、支援の困難性のなかでも「社会的問題」（性的問題や窃盗等）の課題を抱える世代は18歳〜30歳代に集中していました。

調査を行った実行委員会ではこうした変化を「18歳問題」と名づけ、18歳からの専攻科設置を含む移行期を支援する青年期教育の拡充を課題としてあげました。そして、「『子の自律・親の自律』を支える制度や環境改善のとりくみと並行して、親（母）も子も『相互依存』関係から抜け出し、一人の独立した人格として自らの人生を選びとれるような主体形成をはかることが喫緊の大きな課題となっています」と述べています。

2013年調査から6年が経過した2019年調査でも、家族による介護の限界と「親亡き後」への強い不安は広がっており、くらしの場の整備や支援内容など社会的支援への「あきらめや絶望感が色濃く出され」「当事者と介護者の間の共依存関係を生み出す要因の一つとなっており、当事者が家族以外の人からの支援を受け入れられない悪循環にもつながっている」（調査報告）と述べています。とりわけ、これから青年期を迎える親子にとっては、学齢期に拡充されてきた放課後等デイサービスが18歳を境にして切れてしまい、「18歳プロブレム」といわれる問題が生じます。せっかく獲得した分離体験・余暇活動の場を失うことになり、家族介護による子育ての長期化が懸念されるところです。

調査報告は、家族依存からの脱却を実現するための課題の一つとして「当事者が早い段階から家族外の暮らしについて経験できる環境を整備することも大切」と提起しています。

(2) 新しい親子関係の構築が中心的な課題となる青年期

ぽぽろスクエアでは、当事者が早い段階から、すなわち青年期に、相互依存から少しずつ脱却して自律への「主体形成をはかる」ことができるように、学生の自律を支援する学習や体験を学びの柱の一つに据え、とりくみを行っています。

青年期は「学校から社会へ」「子どもから大人へ」という二重の意味を持つ移行期だと言われます。また、思春期は二次性徴を伴う身体的・精神的変化の時代であり、変化への不安と希望が入り混じる時期です。思春期〜青年期は人間関係を再構築する時代とも言われますが、それは親子関係についても言えることです。青年期の「学びの場」では、移行期にふさわしい親子の自律した関係が築かれるように学生への支援と同時に、親・家族に対する支援がより重要になってきます。

(3) 豊かな老後は、豊かな青年・成人期の上に築かれる

豊かな青年期支援の大切さは、高齢期支援にもつながっています。大阪障害者センター障害

者の高齢期を支える支援プログラム開発プロジェクトチームがまとめた『障害の重い人の高齢期支援を考える～第四次レポート』（2019年4月1日発行）には「老後になったからといって支援方針に『豊かな老後をおくる』といっても、それは不可能である。例えば〝生活を楽しむ〟すべを持ち合わせていなければ、老後になったからといって〝生活を楽しむ〟ことはできません。若いころに〝生活を楽しむ〟ことをたくさん経験するなかで、老後の生活を楽しむことができる」「障害者の加齢変化の特徴を踏まえると、豊かな老後は、豊かな青年、成人期に築かれる」と述べられています。

3 自律をねがいつつ葛藤する青年期の親子の姿

(1)〝親は永遠のプレッシャーです〟

青年たちは、親子関係をどのように感じ取っているでしょうか。

ぽぽろスクエア卒業に当たって「親は永遠のプレッシャーです」と表現した学生がいました。障害者をとりまく社会の現実は厳しく将来への不安が大きいがゆえに、わが子を「親が守ってやらねばならない」「厳しくしつけなければならない」ときには「体で覚えさせなければならない」などと思ってしまう親の気持ちは理解できなくはありません。しかし、それでは、自律が大切、我が子に決めさせたいと思っていても、我が子がいざ進路のことや恋愛のことなどに直面すると待てなくなってついつい口を出してしまったり、先取りしてしまったりして、プレッシャーを与えてしまうことになります。

これまでの高校生活とは異なり、学生たちは「〜しなさい」「〜ねばならない」という生活から解放され、なによりも自律が大切にされた生活を過ごすことで〝自我に目覚め〟親子関係にも変化が生じます。親子の「自立」に対する考え方や姿勢・「自立観」が鋭くぶつかっていきます。

ぽぽろスクエアの「グッドライフ」の授業で、学生たちに「20年後の暮らし」について尋ねた結果について、千住真理子さん書いていています（本書117頁）。すでに20歳前後で5割の学生が「好きな人と暮らしている」と答えるほど、全体で9割の学生が「親と子は別々の生活」を描いています。親が願う「暮らしたい」「住まわせたい」という願いと本人のねがいとの間には大きなギャップがあり、そのことがプレッシャーをいっそう大きくしていると考えられます。

親子のねがいのズレと葛藤、それを乗り越えて新しい親子関係をつくろうとする親子の姿、それを支える「学びの場」のとりくみについて、いくつかの事例をもとに考えてみたいと思います。

⑵「南くんの恋人」になりたい――我が子を信じ、我慢して待つことが大事

ぽぽろスクエアでは、年5回程度、働く場だけでなく、障害基礎年金や成年後見などさまざまなくらしを支える障害福祉サービス、ぽぽろスクエアの進路支援や性教育など親子の自律とそれを支える制度をテーマに、保護者学習会や茶話会にとりくんでいます。

以下に紹介するのは、「ぽぽスク卒業生保護者に聞く〜今、伝えておきたいこと」をテーマとした2019年度茶話会の場で、卒業生Aさんのお母さんがわが子の「自立」への期待と現

実とのギャップをどう調整されたかという質問に対して語られたお話から一部抜粋したものです。障害のある我が子の〝一大事〟に、「南くんの恋人」（内田春菊の漫画、またはそれを原作としたテレビドラマ。平凡な高校3年生の南くんと、突然身長15センチになってしまったちよみとの恋と同棲生活を描いた連作）のようになりたいという親の気持ちは、理解できなくはありません。しかし、そこを乗り越えて「我慢して待つ」ことで、我が子に「自分で何とかする力」がついたと、驚きとともに喜びを語られたのです。

自分でちゃんと人に伝えられているのか、断る事ができているのか、それは今でも気がかりで、本当に、「南くんの恋人」ではないですが、自分が小さくなって、Aの肩に乗るか、ポケットに入るかしてついていきたい気持ちはありましたし、今でもあります。それでも、本当にいつもついていては、Aが自分でなんとかするという力は育たない事がわかっていましたので、そこは本当に我慢でした。

ぽぽろの卒業旅行の時も、一人で新大阪まで行くと言った時、事前に練習させていただいたとはいえ、ラッシュの時間帯にかかっている中で、本当に行く事ができるのか、それは心配で、口から心臓が出そうなくらいドキドキしていました。でも、一人で行ってもらわなければ、Aの自信が育たないという事も分かっていました。その時長男が「Aは、道を覚えるのが早いから大丈夫」と言ってくれた言葉を信じて、新大阪からの連絡を待ちました。連絡が来た時には、本当にホッとするとともに「なかなかやるな」と感心しました。この出来事については、ぽぽろの後に通所した〇〇のスタッフさんからも「普通、隠れてついていく親御さんが多いのに、よく行きませんでしたね」と感心されました。ついて行けば、自分は安心ですが、Aには「信用されていない」という気持ちを持たせるだけというのがわかっていたからです。でも、本当にこの時、私は我慢したと思います。

この出来事があってから、地下鉄で通っている時に、□□駅で煙が出て、Aは△△駅で下された事がありました。この時は、Aが後からヤフーニュースを私に見せて「△△から□□まで歩いたんだ」と教えてくれました。いつもと違う事が起こった時に、自分で何とかする力が付いたんだなと驚くとともに、よかったなぁと思いました。年齢からみれば、本当に些細な事ですが、私にとっては大きな事でした。手伝うのは簡単、先回りするのも簡単ですが、親の私が安心して満足するだけです。我慢して待つ事が大事だと思っています。

⑶学びの場で〃急成長〃した姿に、わが子への関わり方を見直す

学生生活と家庭生活のなかで、どの親子も悩むことの一つに登校時の不安があります。Bさんの母親は「娘は家では〃反抗期〃をしています。夜中にスマホで遊び、翌朝は起きられない。今までは起こしていましたが本人は『絶対に起こさんといて！』と言います。スタッフは〃遅刻してもいいよ、休んでもいいよ、自分で決めることが大切〃と言われる。我慢することは私のテーマです」と語りました。（第6回おおさか学びの場交流会第3分科会「家族で語ろう〃青年期の学び〃」２０１９年2月2日）

Bさんの母親が葛藤しながらも待てるようになったのには「ぽぽろスクエアでわが子が急成長した」姿を目の当たりにしたからだといいます。小中学校で不登校を繰り返し、コミュニケーションが苦手で友だちがいない、そんなBさんであっても、母親は「大好きなアニメの世界を

一人で楽しめていたらこの子は幸せだ」と思っていました。しかし、人前に出るのが苦手だった我が子が「おおさか学びの場交流会」のファッションショーの舞台に一人で登場し、嬉しそうに踊っている姿を見て感動します。

カフェで甘いものを食べたり、カラオケに一人で行きたいと言い出したBさん。出かけたお店でお金が足りなくなり、母親に電話して「お金を持ってきてくれますか」と頼み、お店で謝って帰宅するといった経験もしました。将来は一人暮らしがしたいと言うようになり、服装や身だしなみは友だちやスタッフといっしょに考えて自分で決めるようになりました。人に関心を向けようとしなかった子が「話したい人（好意を寄せている異性）がいるけど、どう話しかけたらよいのかわからない」と悩んだりもするようになりました。そして、「娘の初恋のおかげで家族四人が会話できるようになった。アニメの世界からようやく三次元の人間の世界で話ができるようになりました」と語り、今ではBさんの恋を家族で応援しているとのことでした。「失敗は成長の素」「困った時に何とかする力をつける」ことが大切だとスタッフに励まされた母親は「我が子を信じて待つしかありません。ドキドキワクワクで毎日が修行です」と、うれしそうに語ってくれました。

⑷寄り道のすすめ――GPSが指し示すところは古本屋だった！

会話は一語文が中心で「支援区分4」の認定を受けたCさん。「常時見守りが必要な方」ではないかと受け止めていたので、入学希望を考え直していただくために「座学中心のぽぽろスクエアの授業はCさんにはしんどいし、合わないと思います」と伝えました。しかし、「1か月かければ自力通学も可能になると思うので最初だけ送迎します」と母親から入学を切望され、その熱意を受け止めて入学を受け入れました。

入学してしばらくは、自力通学に向けてCさんに隠れてあとをつける母親の姿がありました。しかし、Cさんは友だちの姿にも触発されたのでしょうか、1か月どころか1週間もたたないうちに母親の送迎を嫌がり、自力通学をするようになりました。Cさんが支援学校中学部のとき、母親が教員の反対を押し切って路線バスを使った自力通学にCさんをチャレンジさせたこと。Cさんは卒業まで一人で通学できたことが自信になっていたのでしょう。私たちもCさんの快挙にびっくりしました。

ある日、Cさんが帰宅時間になっても帰ってこないので心配になった母親は、携帯についているGPS機能（※）を使って彼の居場所を探しました。母親が開口一番に言われたのは「やりました！　本屋に寄り道していました！」です。心配していた私たちも電話口で「やりましたねー！」と跳びあがって母親と喜びを共有しました。

その頃、ぽぽろスクエアでは、帰宅途中に友だち同士で誘い合って寄り道した初体験を「スタバデビュー」「〇〇デビュー」などと呼んで、朝のミーティングで交流していました。学校では「家にはまっすぐ帰りなさい。寄り道はいけません！」が〝きまり〟でした。しかし私たちは、ちょっぴり〝あこがれのおとなの世界〟を経験し〝アフターファイブ〟も楽しめるようになってほしいと願って、さまざまな「寄り道デビュー」が生まれることに期待を寄せていたからです。

※Cさんが自主通学などで自分に対する自信をつけ、家族にも彼への信頼と分離生活に対する安心が生まれたからこそ、行方不明など万一の事態に備えてGPSを持たせられました。やがてはGPSも必要としないほど、さらに〝何とかする力〟がつくことを期待されています。

思春期になったら「親にはいつまでもわが子を見ないという勇気が必要」（白石正久『自閉症児の世界をひろげる発達的理解』かもがわ出版、２００７年、１８３ページ）と言われます。親は青年たちの新たな挑戦や冒険をハラハラドキドキしながらも見守る勇気と喜びを持ちたいものです。

Cさんの母親は、小さいときからの音楽クラブや自主通学の体験が人へ気持ちを向ける力や自信につながり、まわりの人の動きを見て自分で判断して行動できるようになったと語り、自ら（親子）を〝チャレンジャーでした〟と述べられました。「障害が重いので自主通学は無理です」「障害が重いので意思表示はできません」と思われてきた学生たちが、「学びの場」でチャレンジャーになって変わる姿を見て、親も少しずつわが子への見方を変えていくのです。私自身もCさんから学び、彼の卒業を前に「入学は難しいかも……」と言ったことを母親にお詫びしました。

4 自立体験のススメ

⑴ショートステイの活用

これまでの例からも言えるように、親子関係において物理的に距離を置くだけでなく、親が我が子を信じて待つ、あるいは見守るという、心理的にもお互いに距離をおいた関係のなかで、子ども自身が自らへの信頼を獲得することによって、自律の土台がつくられていくのではないでしょうか。

「困ったときやわからないときに相談できるようになろう」は、ぽぽろスクエアの全体目標のひとつです。「生活する力をつける」という目標のなかには「スタッフやなかまの支えで身のまわりのことに挑戦し、少しずつ自信を広げよう」「福祉の制度を知り、なかまといっしょに自立体験に挑戦しよう」があります。

「グッドライフ」の授業では、入学後すぐに居住地の基幹相談支援事業所等を学生とスタッフが訪問する取り組みがあります。親子が相談支援事業所とつながり「相談できる第三者」を増やしつつ、諸制度を活用してガイドヘルプや居宅介護サービス、ショートステイなどの活用を一人ひとりの状況に応じて積極的に進めています。これを私たちは「自立（自律）体験」と言っています。学生たちはうれしそうに、授業や生活のなかで経験を交流しあいます。

ここでは「ショートステイ」を取り上げます。ぽぽろスクエアでは、開所当初から、近隣の市町村にショートステイが新設されるとスタッフが飛んで行って、個人契約ですが学生たちが利用できるように協力のお願いをしています。ほとんどの事業所が「自立体験」の取り組みに共鳴して、事業所とぽぽろスクエア間の送迎をしてくださったり、同じ日に複数名の学生たちが利用できるように便宜を図ってくださいます。初めての体験に不安を持つ学生も、友だちと一緒なので安心です。

学生たちに感想を聞くと「親にいろいろ言われなくてすむからホッとする」「次のショートの日が待ち遠しい」などと答えます。学生たちが自立体験を広げることは、親以外の人の支援を受け入れながらいっしょに過ごしたり、親子が距離をとってお互いを見つめたりするいい機会となり、親子の自律にとってとても大切な取り組みです。

(2)自立体験を通し、学びの期間の拡大、くらしの場の充実を訴える学生や家族たち

学校では、親子分離のとりくみは宿泊学習程度にとどまっています。大阪の支援学校には、視覚・聴覚支援学校以外に寄宿舎は設置されていません。それも自立体験の機会となる〝教育的入舎〟は認められておらず、利用は通学保障にほぼ限られています。福祉分野でもショートステイ利用の支給決定が行われているものの、障害児が利用できるショートステイが少ないために「緊急一時預かり」さえ困難で、自律体験のための利用ができないのが現状です。「親子の自律」＝主体形成をめざす実践は、青年期の学びの場の重要な取り組みであり、それは福祉と教育との共同、自立体験を保障できる寄宿舎や福祉施策の充実なしには切り開かれないでしょう。ぽぽろスクエアの学生自治会では、卒業後の学びの場・専攻科を実現する会に参

加する事業所や家族、障害者団体と一緒に、大阪府知事への直接請願やパレード、自治体交渉などに参加しています。「もう少し学びの期間を延ばしてほしい」という要求と並んで、「ショートステイの日数と利用できる事業所を増やしてほしい」は、体験にもとづく彼らの切実な要求となっています。

学生たちが社会に対して目を向け教室内の学びに終わることなく、さまざまなねがいを掲げた障害者・家族・関係者と互いに交流し、市民としての権利を行使する経験も、移行期にこそ求められる大切な学びとなっています。

5 子育てから卒業し、新しい親子関係に踏み出そう

障害のあるわが子を親（特に母親）が介護することがあたりまえのように思い込まされ、長期にわたる子育てを強いられ、この先も自立できる展望が見出せないなかで、簡単に「お手上げです」「わが子をお任せします」とは言えない家族の現状があります。

2年間で自律への一歩を踏み出す学生は少なくありません。しかし、自立やしごとや恋愛などに悩みつつ進路を自分で選んで決めるには、2年間という自律訓練事業の期間は、あまりにも短い気がします。まして、長期の子育てに縛られ、この先もそのことを覚悟している親にとっては、進路をわが子や学びの場に任せきるには大きな不安がつきまといます。

そのことをわかった上で、それでも親に向かって我が子の「学びの場」の卒業とともに「親

も子育てから卒業しませんか」「親も自身の自律について考えてみませんか」と問い続けたいと思います。「子育てから卒業したい」からこそ、希望すればだれでも進学できる専攻科や高等教育、自律を支える社会のしくみを実現する展望も切り拓かれるのではないでしょうか。

あとがき

大阪府内には福祉事業を活用した「学びの場」が、私たちの調べによりますと8年間で15か所(2020年1月現在、うち「福祉型専攻科」は8か所)に広がっています。全国的にはまだ学びの場の空白県が20県も残されているなかで、大阪での広がりは際立っています。

それは、大阪のみの組織ですが、「卒後の学びの場・専攻科を実現する会」がつくられ、府内各地で家族・関係者による学びの場づくりの実践と運動が広がったからです。「おおさか学びの場交流会」は7回を数え、青年を中心に毎回150~200人が参加されています。また、福祉型専攻科事業合同説明会には100人を超える家族、教育・福祉関係者の方々が参加されています。

もう一つの特徴としては、2019年8月から、大阪府がホームページで本人・保護者の進路選択に役立てるために福祉事業を活用した「学びの場」の情報公表を行ったり、「学びの場交流会」に大阪府知事が激励のメッセージを寄せたりするなど、国・文科省の生涯学習政策とも相まって、自治体として「学びの場」の意義を認めて後押しするという他府県にない積極的な動きがあることです。

そのなかで「福祉型専攻科」は、卒後の学びの場づくりを福祉事業の枠内にとどまらせることなく、専攻科の設置など教育年限の延長によるゆたかな青年期教育の創造を目指して、「第3の教育権保障」運動としてとりくんできました。

第16回全国専攻科（特別ニーズ教育）研究集会inなら（２０１９年12月7～8日）の全体会では、『大阪の福祉型専攻科の実践と運動～つないでひろげてつくりだす』と題して、私が特別報告をする機会をいただきました。本書を読み返してみると、この特別報告で伝えきれなかった大阪ならではの障害の重い青年たちの学びや「性教育」の実践、主権者として「私たちぬきに私たちのことを決めないで」を保障する「学生自治会」活動、「自立（自律）」をテーマとした親子関係の再構築をめざす実践や運動などが豊かに展開されています。

その主役は「もっと学びたい！」「目いっぱい青春したい！」とねがって福祉型専攻科に入学した学生たちです。

彼らのなかには、小・中学校時代からの過度の管理と競争の教育のもと、発達の状況や課題に合った主体的な学びを奪われ、さらには就労偏重の高等部教育によって傷ついた青年たちも少なくありません。当事者の思いや願いをないがしろにして就労率向上を優先する「学校」が、思春期・青年期の学びとくらしをゆがめている実態は、全国的にもひろがっていると言えるでしょう。

本書では、そんな彼らが、居場所を得て自己肯定感をとりもどし、「自分くずし・自分づくり」に挑戦する姿が描かれています。そして、何より嬉しいのはその卒業生の成長を見て、学校の先生方の中にも学びの場に対する期待と信頼、共感が広がっていることです。

本書は、そんな大阪の青年たちと家族に寄り添いながら「福祉型専攻科」の実践と運動を積み上げてきたＮＰＯ大阪障害者センターの会員事業所と、大阪の民主的な障害児教育運動に関わる教職員など、福祉と教育の関係者が共同でまとめたものです。大阪の障害児教育をめぐる歴史的な問題など、プロジェクトチームで議論してきた内容のすべてを紹介することはできませんでしたが、大阪のとりくみが、新たな第3の教育権保障のうねりをつくりだす全国的な実践と運動のお役に少しでも立つことができれば幸いです。

本書を監修していただいた日本福祉大学の伊藤修毅先生には15回にわたるPT会議にご参加いただきました。寄稿していただいた大和大学の小畑耕作先生には、卒後の学びの場・専攻科を実現する会（大阪）の会長として、実践・運動を身近なところで励ましていただいています。また、全障研大阪支部副支部長の太田昌美さん（元支援学校教員）にはPT会議にオブザーバーとして参加してしていただき、一般就労偏重の進路指導によって不登校にまで追い込まれたある高等支援学校生徒と保護者への面談による聞き取りの報告や、大阪の障害児教育をめぐる歴史的問題について、今後の研究につながる貴重な問題提起をいただきました。かもがわ出版編集長の吉田茂さんには大阪から本書を発信したいというねがいに応えていただき、出版にこぎつけることができました。この場を借りてお礼申し上げたいと思います。

（卜部秀二）

筆者プロフィール（登場順）

中元　正文（なかもと　まさふみ）
元大阪府立支援学校進路部長。38年間支援学校の教員を務め、教室不足解消など、教育条件整備や福祉の充実を求める運動に参加してきた。

伊藤　修毅（いとう　なおき）
日本福祉大学教員。北海道立高等養護学校教諭の経験から教育年限延長や青年期教育の重要性を訴えています。共著に『くらしの手帳』（全国障害者問題研究会出版部）、『イラスト版発達に遅れのある子どもと学ぶ性のはなし』（合同出版）など。

乙須　直子（おとす　なおこ）
ぽぽろスクエア所長。知的障害者の『生活施設』・短期入所・相談支援・グループホームなどの仕事を経て、2011年4月に現法人に入職。

清時　忠吉（きよとき　ただよし）
1998年、社会福祉法人いずみ野福祉会に入職し、現在いずみ野福祉会理事、シュレオーテ所長。長男と次男は重度重複の障害があり、障害児の父でもある。

中井　友紀（なかい　ゆき）
ひびき福祉会で働いて23年。他のことも経験してみたくて一度退職し、洋服の販売や老人ホームで働いたりもしましたが、やっぱり障害のある方と働きたくて、ひびき福祉会に舞い戻って早12年。リーブキャンパスひびき責任者。

岩谷　　亮（いわたに　りょう）
関西福祉科学大学大学院博士前期課程修了（研究テーマは「きょうだい」）。大阪府内の作業所や学びの場（ぽぽろスクエア）を経て、現在はNPO大阪障害者センター本部。大阪障害児・者を守る会事務局、卒後の学びの場・専攻科を実現する会事務局次長。

宮内　義人（みやうち　よしと）
大阪福祉事業財団三島の郷総主任。2020年2月まで、南海香里のさと総主任としてカラフルキャンパス準備担当者を兼任。共著に『オレは世界で2番目か』（クリエイツかもがわ）。

小畑　耕作（こばた　こうさく）
大和大学教育学部教授。和歌山大学大学院教育学研究科修了（修士）。和歌山県立の特別支援学校・社会福祉法人を経て現職。共著に『小・中学校の教師のための特別支援教育入門』（ミネルヴァ書房）、『教師になるための特別支援教育』（培風館）など。

千住真理子（せんじゅう　まりこ）
堺市で中学校や支援学校の教員をした後、ぽぽろスクエアの立ち上げから関わり「進路」と「性教育」の授業を受け持つ。著書に『生活をゆたかにする性教育』（クリエイツかもがわ）、共著に『交流・共同教育と障害理解学習』（全国障害者問題研究会出版部）などがある。

卜部　秀二（うらべ　しゅうじ）
NPO大阪障害者センター・大阪発達支援センターぽぽろ総合センター長（ぽぽろスクエア前所長）。大阪障害児・者を守る会事務局長。元大阪府立障害児学校教職員組合執行委員長。共著に『障害児教育Q＆A』（かもがわ出版）『新版キーワードブック特別支援教育』（クリエイツかもがわ）など。

大阪障害者センター・ICFを用いた
個別支援計画策定プログラム開発検討会・編

本人主体の「個別支援計画」ワークブック

ICF活用のすすめ

人が生きることの全体像に迫る医療・看護・介護・福祉の共通言語であるICF（国際生活機能分類）を現場で活用するためのやさしい手引書。好評５刷！

［２色刷・本体2200円＋税］

ICFを活用した介護過程と個別支援計画

高齢者・障害者の意思決定支援と本人中心型の計画づくり

『本人主体の「個別支援計画」ワークブック』をふまえて、対象者をどうとらえて、どのように支援計画を作成するか、具体的な事例を豊富に取り入れて解説。

［カラー・本体2400円＋税］

かもがわ出版

NPO法人大阪障害者センター総合実践研究所
〒558-0011
大阪市住吉区苅田5-1-22 ポポロあびこ内
TEL:06-6697-9005

障害のある青年たちとつくる「学びの場」
―ステキな人生を歩んでいくために―

2020年6月5日 第1刷発行

監修 伊藤修毅
編著 ©NPO法人大阪障害者センター総合実践研究所
青年期プロジェクトチーム
発行者 竹村正治
発行所 株式会社かもがわ出版
〒602-8119 京都市上京区堀川通出水西入
TEL 075-432-2868 FAX075-432-2869
振替 01010-5-12436
ホームページ http://www.kamogawa.co.jp
印刷所 シナノ書籍印刷株式会社
ブックデザイン 加門啓子

Printed in JAPAN ISBN978-4-7803-1092-4 C0037